怖い話でメシを食う。

最恐の2人が語る奇妙な日常

はやせやすひろ【都市ボーイズ】

田中俊行

台湾「錦新大楼」
（はやせやすひろ撮影）

「錦新大楼」は台湾でも特にヤバいマンションで、実際に大勢の人が死んでいるし、そのため、さまざまな怪奇現象が発生するといわれている。かつて大規模な火災があり、その後も事件や事故が相次いだ。老朽化も進んでいるが、廃屋ではなく現在も普通に人が住んでいる。台湾には有名な心霊スポットが多いけど、地元の人に聞くと一番の「凶宅」は、このマンションなのだそうだ。

呪いのマリア像
（はやせやすひろ所蔵）

なんとも物悲しい雰囲気が漂う聖母マリアだとされている木像。本来、聖母像をつくる際には厳格なルールがあるものだが、これはそのルールをまったく無視している。よく見ると、首に刃物でつけた傷がある。いやな感じだ。ある神父さんは、神聖なマリア像をけがすためにわざとつくられたものなのではないかと推察していた。これからは、はやせの家でゆっくり暮らしてほしい。

ミャンマーにて（はやせやすひろ）

ห้าม! ปิดทองที่ใบหน้า ที่ดวงตา
และริมฝีปากย่านาค
ห้าม! เทน้ำมันจันทื่องค์ย่านาค
ให้ปิดทอง ขอพรย่านาคที่ฝ่ามือ
ร่วมกันบริจาคเงิน
ให้ดวงวิญญาณรัก
แม่นาค พระโขนง
タイにて（田中俊行）

2024年2月11日に東京・新宿の『ロフトプラスワン』で開催された『怪談怪23』（主催・最終京王線）の出演メンバー。（左から）いたこ28号、今仁英輔、田中俊行、吉田悠軌、川奈まり子

インド人の貴族にあらぬ誤解を
招いた田中俊行の配信風景

はやせやすひろ「どんなに悪いことが起きても、それはスキンシップやなって思うんですよ」
田中俊行「せっかく憑いてくれてんのに、祓ったりとかはできないな」

撮影協力●怪談ライブBar スリラーナイト 歌舞伎町店

最恐の2人が語る奇妙な日常

怖い話でメシを食う。

はやせやすひろ【都市ボーイズ】
田中俊行　共著

njs

はじめに——はやせやすひろ

他人を意識せずに生きてきました。小規模な町の出身なので、そもそも人間があまり多くなかったからだと思います。僕には誰かのことを考えるという頭がないのです。

興味があることしかできないので、怪異が仕事になったのは必然かもしれません。それ以外は本当に何もできなかった。「誰でもできる」「誰でもいい」といわれていたアルバイトの面接で、落とされたことは一度や二度ではありません。今でも理由が分からず不思議に思っています。

僕のこれまでの話や日常を書いてほしいと依頼されたとき、既存の本と違う切り口で面白いなと感じました。その反面で「えっ、大丈夫かな」とも思いました。はやせやすひろについて、思いつく限りのことを書いたつもりです。怖いも笑いも全部です。僕自身によるルポルタージュをお楽しみください。

＊　＊　＊

田中さんは、ただ単に天才です。田中さんが100の力を出したとき、勝てる人なんていないと思っています。もちろん僕も勝てません。100のときの田中さんを見てしまうと「かなわないな」と思わされます。

本当の田中さんは僕らよりはるか上の位置にいるのに、あえて自分を下に見せることがすごくうまいんです。周りを巻き込み、自分の空気に持っていく力は恐ろしいほどで、どんなイベントでも田中さんがいると、そのイベントは「田中さんのイベント」になってしまう。それくらい人を惹きつける力がある。そんな人は見たことがありません。

そして、僕は田中さんが誰よりも熱い人間であることを知っています。のらりくらり、ほんわかと見せているけど、裏ではしびれるほど熱い。自分がしたいこと、してほしいことを明確に持っているし、伝えづらいことを指摘する強さもあります。

田中さんが前を走っていてくれるから、僕らは安心してついていける。圧倒的に優しくて、圧倒的に熱い。尊敬しているし、憧れている人です。

はじめに──田中俊行

部屋で一人、ぼんやりとするのが好きだ。そのときは電気も音楽も何もいらない。暗闇と自分が一体化してくると、たまに自分が生きているのか死んでいるのか、分からなくなる。でも、その感覚は悪いものではない。水や空気のようにとどまらず、かたちにならず、生きていきたい。最近は、そう思うようになってきた。

実際の僕自身は、地味で華やかなところなど何もない。

この本には、いろいろな話を詰め込んだ。もちろん、怪談も書いた。僕を見て、癒やされたり元気になってくれる人がいるから、僕は生きている。

あなたたちの知らない田中の世界がここにある。

＊　＊　＊

はやせくんは努力家。イベントでも怪談の取材でも、いつも感心させられる。むちゃくちゃ面白い。オカルト関係で出ている今の若い人たちの中でも、はやせくんは上の世代とも互角以上にやり合えるのがすごい。圧倒的な力量の差を感じる。どんなに冷静に見ても、はやせくんはすごい。僕らの年齢になるまで、はやせくんにはまだ10年以上あるわけで、そのとき、どんなふうになっているのか考えただけで、今から緊張してしまう。

はやせくんについては、いいことしか思い浮かばない。

奥さんとの関係がうらやましいなぁ。僕もいつか、誰かが待っていてくれるところに帰りたい。何よりも素晴らしいことだ。

怖い話でメシを食う。——目次

第4章 呪物の沼

第5章　海外取材は命がけ

第6章
語り部の素顔

特別対談

本文中の敬称は煩雑さを避けるために省略しました。
肩書、組織名などは原則としてその時点のものです。

構成・協力　安齋裕子
写真撮影　笠井浩司

第1章　こうなった理由

怪異はいつも身近にあった

はやせやすひろ

深く青い山。空は広く、どこまでも高い。澄んだ空気を胸いっぱいに吸い込むと、なんとも言えない清浄な気持ちになる。僕が生まれ育った故郷は、とても美しい場所だ。美しい場所ではあるけれども、つまりは非常に小さい地域の出身だということを最初にお伝えしたい。

まぁ、すごかった。東京出身の人には想像できないだろうけど、見事に何もない山また山の田舎町。小学校に通うためには片道1時間近く、けっこうな山道を歩かなくてはならない。町内の人たちは全員が顔見知りか親戚。コンビニもファミレスも車で行く距離にしかない。気軽に「ちょっとアイス食べたいから買いに行こう」なんて、絶対にできないところに住んでいた。おかげで、いまだに僕は何時間でも歩き続けられる。足腰が尋常じゃなく強いのだ。

僕にとって田舎は、なんとも生きづらい場所だった。狭い集落では周囲に迎合できないことが命取りになる。一度、目を付けられると何年でも何十年でも、おかしな目で見られ続けることになる。内向的で無口なくせに、おとなしいわけではなく、強情で自我が強い。そんな性格の僕には、田舎暮らしが合わなかった。

岡山県津山市。そう、僕はあの有名な津山市に生まれた。それで今は怖い話や呪物に囲まれているのだから、何かの因縁があるのかもしれない。津山出身ということは、仕事柄すごく助かっているので、感謝こそすれマイナスな感情は一切ない。

岡山が生んだ奇跡

そもそも僕が怖い話や怪談に惹かれたのは、子供の頃から怪談がごく当たり前に、身近にあったからだ。父親が怖い話というか、伝承の類いをすごく好きだったこともある。父親は僕に「あそこにある二つの大きな山は、でいだらぼっち（ダイダラボッチ）っつう化け物がつくった山でな」などと、周囲の自然や史跡にまつわる話をよく聞かせてくれた。知らない世界や見たことがない化け物の話は、子供にはとんでもなく魅力的で、いつも心がわくわくしたものだ。僕が怖い話にのめり込む最初のきっかけは、間違いなく父親が聞かせてくれた昔話にある。それがスタートだ。

津山というと、どうしても「津山三十人殺し」が頭に浮かぶと思う。例えば、この事件についてもちょっとした逸話があって、実は父方の曽祖母が「あのときの銃声」を聞いた生き証人だという。津山には血縁者に「あのときの銃声」を聞いた人間がいる家庭がけっこうある。そういうところなのだ。

父方の祖母からは、河童が実在した話も聞いている。岡山県でも僕が生まれた地域には伝承の類いが多く、毎年8月になると「津山納涼ごんごまつり」が盛大に開催されていた。「ごんご」とは津山地域の方言で、河童という意味だ。

近くの山には、天狗が住んでいるという伝説もあった。水木しげる先生の出身地として有名な鳥取県境港市は、岡山からそれほど遠くないので、子供の頃は何度も連れて行ってもらった。それらの記憶の一つ一つが、今の僕をつくったと言える。

田舎では怖い話や妖怪の話が、生活や教育、しつけに直結している。こういう怖い化け物がいるから「あそこには近づいちゃいけない」とか、こんな恐ろしい体験をした人がいるから「そんなことをしたらいけない」といった具合に、親や近所の大人、学校の先生などから口伝えられ、社会の規範を覚えていく。

しかも、津山にはそれが「お話」で済まない土壌があるから、大人も子供も当たり前に怪異を疑わず受け入れていた。土壌とは、あの事件のことだけではなく、青い山が醸し出す夜の闇だとか、川がうなる音だとか、ぞっとするような夕方の神社の雰囲気だとか、そういった体験も意味している。

よそでは見たこともない大きな仏壇が実家にあって、それもまた霊の世界や先祖の存在、仏教のこと、念や縁、血脈を意識させた。思い返してみると、僕は環境に恵まれていたおかげで、こうなったとも感じる。男ばかりの3人兄弟で弟が下に2人いるが、次男はやっぱり怖い話がすごく好き。育ってきた土地や環境の影響は少なくないはずだ。同じ岡山でも山ではなく街のほうに生まれていたら、現在の僕は存在しなかったかもしれない。

スクールカースト最下位時代

子供の頃というか、学校で同級生たちと過ごした日々も、現在の僕を形づくった一因だ。伝承や怖い話が生活と密接に関わっていたため、僕が興味を持つものは自然とお化けや妖怪の話ばかり。放課後は怖い話の本を読んだり、近所のちょっとした伝説が残る史跡を訪ねたり、そんなことばかりしていた。むろん1人で…。

学校の図書室にあった水木しげる先生の作品には、もうハマりにハマった。『ゲゲゲの鬼太郎』や『河童の三平』はもちろん、手に入るあらゆる作品をむさぼるように読んだものだ。当時、頭に入れた知識は今も大いに役立っている。

「ここにはこんな話があるらしい」と怪異に関する情報を仕入れたら、すぐさま自転車で現場に駆けつけていた。子供だから県をまたぎはしなかったが、行ける範囲のところは何度も何度も繰り返し訪ねてみた。これは水木先生の「現地に足を運ぶ」という取材姿勢を見習っていたからだ。

今でも僕は、その初心を忘れていない。知りたいと思ったところへは、どんなに遠くても、たとえ時間がなくても、寝食を削ってでも必ず出向く。そして、自分で納得するまで取材をするようにしている。河童や天狗に会おうとして無謀にも山ごもりするような少年時代を過ごしてきたが、その心をいつまでも大切にしていきたい。

ただ、そんなことばかり続けていたから、ほかの子供のようにみんなで一緒に遊んだり、同級生の家に行っていろいろ話したりすることが、僕は極端に苦手だった。いや、苦手とは少し違う。誰かを嫌いだとかそういうわけではなく、みんなと一緒に過ごすこと自体に意識が向かない子供だった。

でも、同級生から「こいつ、話すヤツいねぇのか」とか「友達いねぇのか」と思われるのは絶対に嫌だったので、わざと本に没頭している姿を見せつけていた。本当に面倒な子供だったと思う。今でも僕にはそういうところがあって、人と対峙するときはかなり緊張してしまう。

そんな子供時代を過ごしていたが、僕の運命を変える出来事が起こった。家が引っ越すことになったのだ。

小学2年生のとき、それまで住んでいたAという地域からBという街のほうへ引っ越し、それから1年たたずにBから元いたAに戻ってきた。これが決定的だった。学年に1クラスだけだから、変に目立つことは許されない。一度、お別れ会をしたにもかかわらず、また戻ってきた僕は完全に浮いてしまったのだ。

そのうえ僕はクラスに戻ってきたとき、何を勘違いしたのか「アイル・ビー・バック」と言ってしまった。すかさず誰かが間違いに気づき、「それ、行くときちゃうん」と声を上げたが、この瞬間に僕の小学校生活は終わった。

3月生まれで体も小さく、コミュニケーションが苦手。加えて、変な引っ越しをした子。そんな僕はイジメを受けるようになった。無視されたり、太ももにシャーペンを刺されたり、竹馬で殴られたりする生活に追い詰められて、夜中の山を全裸で駆け下りたこともあった。もう、どうにでもなれ！　何もかも嫌だ！　そんな気分が爆発したのだ。

いつもは眠っている時間だから、夜の12時を過ぎていたと思う。獣道さえない真っ暗な山中を頂上から麓《ふもと》まで一気に駆け下りた。視界が狭まるほど尖った木の枝が茂っていたにもかかわらず、不思議とかすり傷ひとつ負わなかった。まったくの無傷だったが、全裸で県道に飛び出した僕は、うなだれながら帰りの山道を上り、家に帰るしかなかった…。

孤独な学校生活は、僕をさらに怪異の世界に引き込んだ。怖い本を読み、自転車で好きな場所に行けば、いつでも自由になれた。止まらない好奇心で心が満たされ、知りたいという欲求の世界に没頭することで、学校での嫌なことを忘れることができた。おのずから怪異の世界は、僕の頭と体の一部になっていったのだ。

新たな悩みが降りかかる

中学生になると、状況が少し変わってきた。相変わらずイジメを受けてヤンキーに土を食わされたりすることもあったが、それは僕の中で大した問題ではなくなっていた。大半の悩みは異性関係。当時の僕は急激にモテ始めて、逆にそれで悩んでいた。

まぁ、その話をする前に、僕の女性観をつくった母親に少し触れておく必要があるだろう。母親はすごく強い人で、とにかく負けず嫌い。人間としてパワーに満ちあふれている。父方、母方を問わず、親戚の女性たちも軒並みものすごく強かった。

母親のエピソードで思い出すのは、同級生たちと「しっぽとり」をしていたときのことだ。しっぽに見立てた布をズボンやスカートに挟み、鬼がその布を取っていくという遊びで、なぜそうなったのかは覚えていないが、そのときは母親が鬼の役だった。すると、正気ではないくらいの真剣さで子供に向かってきたのだ。

とんでもない速さでその場を駆け巡り、子供たちのしっぽをバシバシと奪っていく。迫りくる形相は鬼そのもので、みんな大泣き。それでも母親はしっぽを奪い続け、嬉々としていた。そんな加減を知らない女性だったが、その狂気のしっぽとり以来、母親は子供たちから大人気になった。男兄弟しかおらず、身近な異性がそういう具合の母親だけだったせいか、どうしても僕は女性への理解がゆがんでしまった。何せ中学生まで、女性と男性はまったく違う生き物だと思っていたくらいだ。

確か中学1年生のとき、同級生の女子に「女の人も屁こくの?」と聞いたことがある。体の機能や生活の仕方なども、自分と同じとは思っていなかったし、女性は屁をこくようなヘマを絶対にしないと思っていた。母親の尋常ではない強さを見て育ってきたから、女性はあまりにもレベルの違う男性より格上の生き物だと思っていたのだ。

屁の質問をしたとき、同時に「女の人って睡眠はとるんですか?」とも尋ねてみた。うちの母親は寝ている様子がなかったからだ。それで「はっ? とるよ」と言われたとき、信じられなかった。自分なんかが気軽に口をきいてはいけない「上」の生き物というのが、僕の女性に対するイメージだ。ちなみに、今でもそう思っている。

そんな感覚の中で唐突にモテ始めたことは、思春期の心に過大な負担となった。僕自身は「こんな自分みたいな人間と対等ではない。気軽に口をきいてはいけない」と思っている崇高な存在の女性から、次々に告白を受けるのだ。おそらく1年間に十数人の女性から告白されたと思う。

誰かを好きになるという感情は奥さんが初めてだったから、中学生の頃の僕なんて純粋も純粋。異性への興味のかけらもない無垢《むく》な少年は、死ぬほど悩むことになってしまった。それで中学2年生のときだったと思うが、ある日、意を決して母親に「モテすぎてつらい。どうしたらいい?」と相談した。

すると母親に「サッカーや。あんた、サッカー上手やろ。それで騒がれてるだけや。おまえみたいなもんがモテるか」と、にべもなく否定された。だが、そう言われて納得した。毎日、通学で山道を上り下りしていたので、僕には自然と脚力がついていた。厳密に言うとサッカーは上手でもなかったが、確かにスタミナと脚の筋肉だけは街の子供たちより上回っていたのだ。

そんなわけで、運動神経のいい男子がモテる時期を過ぎたら、また、僕には以前と同じ平穏な日々が戻ってきた。今から思うと、悩むまでもない一瞬のモテ期だった。

紫の瞳を持つ男

面白くて活発で頼れる存在の母親には、ガッツリと霊感もある。完全にある。掃除をしてい

はやせやすひろの小学生時代

ても、しょっちゅう変なものが見えたなどと言うし、時には予言めいたことを的中させていた。異常に勘が鋭いのだ。

子供の頃、母親と街へ行くため、いつもの山道を車で移動していた。すると急に「ここ、通っちゃいかん気がするわ」と言い始め、数十分は遠くなる別の道へ迂回《うかい》したことがあった。僕が「なんでなん？」と聞くと、母親は「なんか通ったらいかん気ぃするわぁ」と言っていたが、その日の夜に土砂崩れが起こり、いつも通っていたその山が全部崩れてしまった。子供心に「このことを言ってたのかぁ」と腹落ちしたことを覚えている。

別の日には突然、母親が夜中に荷造りを始めた。このときは普通に両親が離婚すると思って、「あー、引っ越さなあかんのか。またかぁ」と気が滅入ったが、僕は強いほうについて行くタイプなので「おかぁちゃん、ついてくで」と告げた。すると「あんた、来んでええよ」との返答。「あっ、俺、捨てられたやん」と思っていると「ちゃうちゃう、アタシ、大阪に呼ばれれんねん」と母親はおかしなことを言う。大阪は母親のお父さんの妹が嫁いだ先で、それ以外は何も接点がなかった。

何を言っているのかと思った矢先、うちに電話が掛かってきて「大阪の○○おばちゃんが危篤状態やから、すぐ来てくれ」という内容だった。母親は「ほらね」と言って、そのまま用意していた荷物を持ち、車で大阪へ向かった。ほかにも近しい人の死を察知することがままある。母親が言うには、これらは「夢と感覚」で分かるとのことだ。取材で聞いた話と違って、自分の家におかしなことが起こるのは、かなり気持ちが悪い。

勘の鋭さで思うことや悩むことも多かった母親は、近所の「神様」といわれる人物に相談事をしていた。その神様は龍を祀《まつ》っているお寺の人で、修行を積んだおかげで龍の声を聞くことができるという。地元ではとても有名な人で、実は神様と母親は血縁関係にある。そんな特殊な家庭環境だったことも、僕の生活と「怪異」がなじみやすかった理由の一つだ。

僕はこの神様に呪《まじな》いをかけられている。この場合は「のろい」ではなく「まじない」のほうが違和感がない。

滑り止めなしで臨んだ高校受験の際、母親は神様に僕の合格をお願いした。そして、そのとき「長男（僕）に降りかかるすべての災いを自分（母親）に」というような約束をしたそうだ。高校には無事に合格した。もっとも、僕が受けた高校はかなりのヤンキー校で、受験生は定員割れしているようなところ。今から考えれば、そんな切羽詰まったお願いをしなくても普通に合格したと思う。

今もなお、呪いはとてつもない効力を発揮している。いわく付きの呪物《じゅぶつ》をそばにおいても、祟《たた》られるといわれる禁忌を破っても、僕自身はまったく何でもない。至って健康、すこぶる元気に暮らしている。それもこれも神様の呪いのおかげらしい。

ある呪物展の際に、編集者の方から著名な霊能者を2人紹介してもらった。2人とも信頼に値する人物で、魔を祓《はら》う力がとても強いといわれている。

あいさつを交わしていると、そのうちの一人が僕の目を覗《のぞ》き込んで「変わった目をしているね」と言った。そして「あなたには呪詛《じゅそ》がかけられていますよ。それも神様レベルの人にかけられている。きれいな紫の瞳を持っているね」と、そんなふうに言うではないか。すると、もう一人の霊能者も「本当だ、これは！」と言って絶句してしまった。

人一倍その気になりやすいからか、そんな予感があったからなのか、僕は龍の神様の効力だと、すぐにそう確信した。それ以外に心当たりなんてない。だから、こんなに大丈夫なのか。

そうすると僕へ降りかかる悪いことは、母親が全部かぶらざるを得ないが、そんな事態にならぬよう心から願うしかない。

僕はこの「紫の瞳を持つ男」というフレーズが、すごく気に入っている。カッコいい。この話をYouTubeで自慢していたら、田中さんにうらやましがられた（笑）。これればかりは仕方ない。

原点は深夜ラジオ

僕はテレビの放送作家をしている。オカルト番組はもちろん、お笑い番組なども担当している。怖い話をしたり、YouTubeに出たり、自分が演者になることも大切な仕事だが、放送作家として面白い番組をつくることも欠かせない仕事だ。どちらも、僕の生活を支えてくれている。

テレビ業界を目指すようになったのは、高校生になってからだ。当時、深夜ラジオにハマっていた。中でも松本人志さんと高須光聖さんの『放送室』と伊集院光さんの『深夜の馬鹿力』が大好きで、いつも楽しみに聴いていた。のめり込むうちに、僕の興味はタレントから放送作家のほうへと向かっていった。聴くだけでは飽き足らず「自分もこんな面白い番組をつくりたい」と、ほのかな憧れを抱くようになったのだ。

そんなとき、津山の田舎に漫才師のアメリカザリガニさんがやって来た。深夜ラジオにハマり、お笑いが大好きになっていた僕は、ずいぶん早い時間から会場で待っていた。できるだけ近くでアメリカザリガニさんを見たかったし、楽しみでじっとしていられなかったのだ。

開演前のアメリカザリガニさんは、控えのテントの中で放送作家と思しき人物に指導を受けていた。すごい！　作家先生は芸能人と話せるんだ。そう思った僕は作家になることを決意した。このときは作家の仕事内容なんて分かっていなかったが、ミーハーな気持ちが勝ち、放送作家になるんだと一人で燃えていた。

そして「放送作家になりたい」と周りの人たちにポツポツ言っていたら、偶然にも岡山の先輩が「俺、先に東京へ出て芸人になるから、作家やってくれや」と、そんなふうに声を掛けてくれたのだ。たぶん、どちらも作家についてよく分かっていなかったが、それでも華やかな世界に憧れていたから二つ返事で引き受けた。

東京へ行くお金を貯めるため、次の日からアルバイトを探し始めた。それに人見知りの性格も、どうにかしなくてはならない。この感じのままで知らないところに勤めても、うまくいかないことは高校生ながら分かっていた。もっと人脈を広げて、社会や労働のことも学ばなくてはならない。そう思った僕は「どっか、働くところない？」と、ばあちゃんに相談してみた。

すると、ばあちゃんは「あんたがちっちゃい頃から、よううちに来てくれる肉屋がおるな。その肉屋だったら、あんたでも勤められるんちゃうん」と助言してくれた。さっそく紹介してもらい、アルバイトをさせてもらうことにした。

そこは山にある精肉店で、普通の肉屋とはちょっと違っていた。肉を近所の家まで売りに行く訪問販売スタイルの肉屋なのだ。そしてアルバイト初日、顔見知りの店主のおじさんは「もう一人いるから、彼から教わってね。じゃあ、しっかりね」と言い残し、さっさと肉を売りに行ってしまった。

ところが、僕に仕事を教えてくれるはずのおっちゃんが、すごく変な人だった。ずっとふらふら動いているし、目もまったく合わせてくれない。常にそわそわしている感じ。誰しもが一目見ておかしいと思う人で、ものすごく怖かった。

おっちゃんは「おまえ、肉屋に勤めたいのなら、テストするで」と言って、生きたニワトリを持ってきた。そして「首落とせ。これ、仕事やからな。意地悪でやってるんちゃうからな。テストやからな」と言いながら、ニワトリを殺せと迫ってくる。落ち着きがなく、きょろきょろしながら、脅すようにニワトリを殺せと言い続けるおっちゃんは、明らかにおかしかった。

僕がひるんでいると「こんなこともできないのか、カス、こら！」と、かなり強い口調になって、顔つきまで変わっている。おっちゃんの怖さに加え「命をとる」ということが恐ろしすぎて、僕は泣き出してしまった。

それでもおっちゃんは許してくれず、「殺せ、殺せ」と圧力をかけてくる。泣きながらどうにかニワトリの首を落としはしたものの、すぐに「すみません。僕には無理です。向いてないです。もう辞めます」と謝った。すると突然、おっちゃんが「ごうかくぅ～」と、おどけるように言った。

「おまえ、向いとるで。落とせるか落とせんかのテストだったんよ。落とせんヤツは、いつまでたっても落とせんわ。落とせたやろ。おまえ、向いとるわ。俺とおまえの違いは経験値や。俺とおまえ、ちゃうことないねん。おまえも慣れたら何の感情もなく首落とせるわ。そうやって肉がつくられるからな。当たり前の話やで」

そんなふうに言われても、まだ高校生の僕に肉屋の仕事はキツかった。アルバイトはしばらく続けたが、もう嫌で、嫌で、おっちゃんも怖かったし、何より自分の手で命をとることが無理だった。

東京へ　憧れのテレビ業界

高校の先生や周りの人たちに進路について聞かれると、「家族の仕事を継ぎます」と胸を張って答えていた。家は何もやってないのに…。家族やごく近しい人たちにだけ「実は東京に出て、放送作家になりたい」と本心を打ち明けてはいたが、進路については時にごまかし、たまに嘘をつき、のらりくらりかわしていた。

それでも僕は、放送作家になりたいという情熱を胸に秘め、母親の「あんたは絶対なれる！」という言葉に奮起させられ、芸人志望の先輩を追って東京へ向かうことにした。

その先輩は、芸能プロダクションの人力舎が運営するお笑い養成スクールに通っていた。僕が東京へ出たのは、先輩との約束からほぼ1年後で、実はすでに連絡が取れなくなっていたのだが、「東京に行けばどこかで会えるだろう」という安易な気持ちで、僕も人力舎のスクールに入学する流れとなった。

ところが、その先輩はとっくにスクールを辞めていた。連絡も取れないままだったが、まぁ、それでも構わない。僕は僕としてスクールでの授業を頑張るだけだ。そう思ってはみたものの、結局、僕もすぐ辞めてしまった。

スクールは5月からスタートする。辞めたあの日はまだ暑かったから、たぶん8月か9月だろう。スクールにいたのは3～4カ月ということになる。先生と揉めて「おまえ、辞めろ」と言われたから「ほな、辞めます」と、あっさり辞めてしまったのだ。

しかも、不幸は重なるもので、このとき独り暮らしを始めたアパートで、僕は恐ろしい目に遭った。東京・中野区にある安アパート。そこで生活していたときのことだ。

隣の部屋にはイカつい雰囲気の男性が住んでいて、いつの頃からか頻繁に女性が出入りするようになっていた。しかも、きれいな女性だ。最初は「彼女か何かだろう」と思っていたのだが、どうも出入りする女性が次々に替わる。それでも僕は「えらいプレイボーイだなぁ」と、のんきに感心していたが、ある日、女性の中の一人が住人ではない別の男性を部屋に連れ込み、帰ってきた隣の男性と揉め始めた。壁が薄いので、何を話しているか、何をしているかが筒抜けなのだ。

以後、たびたび騒動が起こるようになり、さすがに僕も隣の男性と女性たちがグルで、実は「美人局《つつもたせ》」をしていることに気づいた。それからは関わらないようにしようと、今までよりもさらにひっそり暮らしていたのだが…。

ある日の昼間、僕が部屋でくつろいでいると、隣の男性がいきなり僕の部屋を訪ねてきた。それも、なぜか僕の部屋のカギを持っていて、勝手に玄関のドアを開けて入ってきたのだ。突然のことで「えっ、えっ」としか言えない僕を尻目に、男性は「おい。おまえ、引っ越せ！」と凄んでくる。隣人がカギを開けて入ってくるようなアパートなんて、言われなくても引っ越したいが、なにせ先立つものがない。

僕が「無理です。お金がありません」と言うと、男性は「これで引っ越せ」と家賃分の3万円を渡してきた。少ない。思わず「3万円じゃあ、どこにも引っ越せないの知ってますよね？」と強気に出たら、逆ギレしてものすごく脅してきた。

男性は「事業がうまくいっているから、もっと大きくするんだ」と鼻息が荒く、僕は強いものに巻かれるタイプなので即座に引っ越すことを了承した。ものすごく恐ろしかった。

ホームレスからの大逆転

持って出るような荷物もなく、着の身着のままでアパートを飛び出した後は、しばらくホームレスとして暮らしていた。しかし、18歳の僕はさすがにこのままではいけないと、くだんの3万円を握り締めて、そのとき一番近くにあった不動産屋に飛び込んだ。

「3万円でどこか？」と尋ねる僕に、不動産屋は「そんなん、あるわけないでしょ」と一喝。でも、家がないのだから、ここで引き下がるわけにはいかない。勢いだけで「荷物も何もないので、このまま引っ越せるんです」と最大限に自分をアピールした。すると、不動産屋も物腰が柔らかくなり「ちょっと、いわく付きだけどいいかな」と切り出してきた。

「いわくつきでね。入る人、入る人、すぐ抜けていくんだけど、そこでよかったら貸してあげるよ」

ホームレス生活がキツかった僕は「ぜひ、お願いします」と即答し、そのまま内見してすぐその部屋に住むことを決めた。

1階の角部屋で、アパートの後ろには線路が通っている。とてもやかましい。それも家賃が安い理由だと不動産屋は説明してくれた。当時はまだ「事故物件」という言い方ではなく、あくまでも「いわく付き」と称していた。不動産屋に「いわく、聞きます？」と言われたのだが、なんだか知ってしまうのが怖かったので、僕は「いいえ、大丈夫ですよ。何もないかもしれないし」と断って、特に何も聞かずに安アパートで暮らし始めた。

人生は捨てたもんじゃない。スクールを辞めることにはなったが、揉めてしまった先生とは別の人からテレビの制作会社を紹介してもらった。それが19歳のときだ。その制作会社でいくつか特番のお手伝いをさせていただき、これがテレビ業界での初仕事。夢にまで見た世界で働き始め、僕の胸は熱く高鳴っていた。

ちょうど仕事に慣れてきた頃、タイミングよく「そろそろレギュラー番組をやってみるか」と声を掛けてもらった。キツい仕事で休みもないといわれていたが、そんなことはどうでもよかった。

そして「お願いします」と二つ返事で受けた仕事が、『ダウンタウンのガキの使いやあらへんで！』である。一番好きな芸能人はダウンタウンさん、一番好きな番組は『ガキの使い』と、常々そう言っていた僕の希望をかなえてくれたのだ。本当にすごい。ありがたい。あのときは幸せだった。夜中に電話が鳴り『ガキの使い』に行けと言われ、体が震えたことを覚えている。

うれしくて仕方なかった。

僕が怪談を面白い感じで話すのは、芸人さんに付いてネタを考えたり、お笑い番組の裏方をさせていただいたり、そうした仕事の経歴が影響している。怖さだけを追求する怪談が、あまり好みではないこともあるし、芸人さんが怖い話をする『人志松本のゾッとする話』が大好きだったことも、現在の怪談スタイルをつくってきた理由の一つだ。怖いけど、面白い。あんなふうに僕たちもできたらいいなぁと、今も毎日そう思っている。

都市ボーイズの片方

僕は岸本誠さんと「都市ボーイズ」というユニットを組んでいる。お互いにそれぞれ別の仕事を請けもするが、2人で1組のユニットだ。1人の仕事で緊張したり、不安になったりしたときは「僕は都市ボーイズの片方だ。1人じゃない」と思って臨む。岸本さんの博学さにいつも助けられているから、存在そのものが安心材料になっているわけだ。

『ガキの使い』の仕事を抜けた頃、ワタナベエンターテインメントがやっているワタナベコメディスクールに、作家企画構成コースがあることを知った。裏方としてテレビの仕事に携わってはいたが、僕が本当になりたいのは放送作家だ。でも、それには圧倒的に知識やノウハウが

都市ボーイズ・はやせやすひろ＆岸本誠

足りないと感じていた。もっと勉強しなければ通用しない。そう痛感していたため、即座に入学することを決めた。

そう、そこで岸本さんと、運命の出会いを果たす。人気番組の『ガキの使い』で裏方を1年以上していた僕は、スクールで生意気だったと思う。斜に構えて、出された課題にもひねった答えばかり返していたのだ。しかも、それが面白くない。今から考えると恥ずかしすぎる。当然、成績はいつもドベだった。対して岸本さんは、クラスでいつもトップ。どんな課題でも岸本さんが一番面白くて、まさに輝いていた。

それでもスクールには真面目に通っていたから、卒業を迎える際に「自分のつくりたいテレビ番組をプレゼンする」という課題が出た。そのとき、みんなはスティーブ・ジョブズがiPhoneを説明するような感じでやっていたのに、僕はまた奇をてらってコントスタイルでプレゼンしてしまった。爪痕《つめあと》を残そうとしたのだろう。本当に何を考えていたんだろうか。

結果は、不合格。まったく誰にも評価されずに、卒業課題を落とすという愚行をおかしてしまった。僕にはこういうところがある。つまり、自分を過信して調子に乗ってしまう部分だ。岸本さんはいつも通りトップ合格。このときは「運命の分かれ道だ。もう二度と、この優秀な人（岸本さん）に会うことはないだろうな」と思って悲しかった。

すると、岸本さんが「おまえが一番面白いのに」と僕に話し掛けてきた。この人、僕のこと

2015年に結成された都市ボーイズ

見てたのか。その瞬間、心に鐘が鳴ったことを覚えている。まるで恋に落ちたかのように…。あの日以来、僕は岸本さんのとりこだ。

２０１５年に僕たちは都市ボーイズを結成した。２人とも都市伝説が好きだったことと、大竹まことさん、きたろうさん、斉木しげるさんから成るコントユニット「シティボーイズ」に憧れていたことから付けた名前だ。すごくカッコいいし、気に入っている。

怖い話は子供の頃からそばにあったし、大好きなものの一つだ。この頃にはオカルト番組の裏方をよくやっていて、怖い話を普通の人より数多く知ることになっていた。中には、表のテレビ番組では使えない話もたくさんあった。

岸本さんは新宿・歌舞伎町で育っているうえ、勉強熱心で変なことをたくさん知っていた。一般人とは思えないくらい裏社会の事情にも詳しく、僕からすれば「大丈夫か」と思うくらいの情報量だった。これを利用しない手はない。あっという間に「こういう話をポッドキャストとかでしようよ」となった。それが2人でユニットを結成したきっかけだ。面白い話をみんなに聴いてほしい。純粋にその考えだけで、僕たちは配信を始めたのだ。

怪談の賞レースに出たり、心霊スポットを巡ったり、いろいろなことをしてきたが、現在はYouTubeとイベント出演を中心に活動している。もちろん、テレビにも出させてもらうし、こうして本を書くこともある。

「知りたい」という欲求が抑えられない。知らない世界を知りたくて、どうしても怪異の世界を追いかけてしまう。それは、これからもずっと続くだろう。そして、仕入れた情報を皆さんにお伝えしていきたい。面白いから聴いてほしい。見てほしい。読んでほしい。それが、都市ボーイズの思いなのだ。

以上、僕のこれまでの話でした。

エキゾチックタウン神戸に生まれて

田中俊行

長い取材旅行から帰ってきて、今、これを書いている。ほんの数年前までは、考えられなかったことだ。兵庫県の神戸市から東京に出てくることも、呪物や怪異を探して世界を飛びまわることも、過去の自分にはとても想像できないことだった。

人生とはかくも分からないものなのだ。

僕の最初の記憶は、母親が変なおばあちゃんに祈祷《きとう》されている姿だ。それが人生で最初の記憶ということからも分かる通り、そもそも霊的なことが好きな家庭に生まれた。それが現在、僕がオカルトコレクターとして、怪談や呪物を集めるようになった発端である。

中でも母の「みさえ」は大の霊能者好きで、事あるごとにインディーズの霊能者のところへ相談に行っていた。そこに、いつも僕を同行させていたのだ。インディーズの霊能者とは、近所にいるまったく有名じゃない霊能者のことで、悩みを聞いて祈祷をしたり、占いをしたりするのが生業だが、ものすごく怪しい。修行を積んだとか、○○教の○○先生とか、そういう由来がほぼない。いきなり自分で「霊能者です」と名乗っているだけの人たちが、近所にけっこういたのだ。

きっと、みさえも一人で行くのが不安だったのだろう。家族全員が霊感などまったくないのに、いろいろなことを相談していた。おかげで僕は、霊について話す環境を当たり前だと思って育った。いつの間にやら、僕の中で霊は超自然的な存在ではなく、ごく自然な存在として身近にいるという認識になっていた。そんな特異な環境が、幼い僕の人格に影響を及ぼすのは当然の流れである。

改めて振り返ってみると、みさえは単に怖い話が好きだったのかもしれない。昔は週刊誌の袋とじで「フリークス特集」とか「心霊写真特集」などがあって、その袋とじをよく僕に見せてきた。自分で見るだけにしておけばいいのに、なぜか、わざわざ僕に見せてくる。自分ではいいものだと思っていたのだろう。

みさえは進歩的な母親だったので、当時、流行り始めたレンタルビデオ店を誰よりも早く利用していた。そこから稲川淳二さんの怪談ビデオとジョージ・A・ロメロ監督の『ナイト・オブ・ザ・リビングデッド』を繰り返し借りてきた。返却してしばらくすると、また同じ作品を借りてくるのだ。もちろん、僕も一緒に見ることになる。そんな奇行についていけたのは、兄弟の中で僕一人だけだった。

僕には同じビデオを何度も何度も見ながら、嬉々としていた記憶がある。こうして僕の人格は、知らず知らずのうちにオカルトエリートとして形成されていったのだ。

ポジティブ！　ポジティブ！

神戸市の灘に生まれた。実家は魚屋を経営していて、上に姉が2人、僕、弟、そして父母という家族構成だ。

姉のうちの一人「あいちゃん」は僕と同じで、怖い話が大好きだ。今でも情報が入ると「あそこに霊能者がいるらしいわ」などと連絡をくれる。あいちゃんはものすごく人がいい。すぐに親身になって考えるから、いろいろな人から相談をされる。

神戸の実家は老舗の魚屋で待望の長男として育った田中俊行

ある日、僕はあいちゃんに呼びつけられた。20歳くらいの若い女友達が、どうも洗脳されて身動きがとれない状態だというのだ。友達と称する悪いヤツに、遅刻の罰金だと難癖をつけられて5000円を取られたり、半年先までスケジュールをぎっしり入れられたり、いいようにされているらしい。彼女はどうしたらいいか分からなくなり、あいちゃんを頼ってきたようだ。

あいちゃんは女友達と、これから深夜のファミレスで話し合うという。僕には親戚のおじさんのふりをして、悪いヤツに電話を掛けてくれと頼んできた。そして「もう、付き合わへん」と言ってくれとのことだ。僕にできるかどうか分からないが、義侠心にかられ、あいちゃんと一緒にファミレスに向かうことにした。

「僕が電話するのは全然いいですけど、また電話が掛かってきたら対応してしまうんじゃないですか?」と女友達に言うと、案の定「応じてしまう」とテンションが低い。洗脳されているとはいえ、それでは意味がない。僕は思わず「自分でやるしかないんちゃう。一生、奴隷のままになりますよ」と、つい強めに言ってしまった。

すると、奴隷という言葉がキツかったのか、その女友達は「はぁ、はぁ」と息が荒くなり、ついには過呼吸になってしまった。ヤバいと思って見ていると、あいちゃんは女友達にクロスさせた指を向けて「ポジティブ! ポジティブ!」と叫び出す。次第に落ち着いてくる女友達。何それ、めちゃくちゃ怖い。

一段落して「なんやねん、あれ」と、あいちゃんに聞くと「あれ、ちょっと先生に習ってるんよ」と言っていた。こいつから洗脳を解かなあかん。そう思って帰路に就いた。

あいちゃんとは、兄弟の中でも特に仲がいい。

老舗のぼっちゃん

実家が魚屋なので子供の頃は祖母に連れられ、魚市場にもよく出入りしていた。それほど大きい規模の魚屋ではないが、取引先には『沢の鶴』という有名な酒蔵もあり、老舗の部類に入る店だと思う。市場を歩いていると「ぼっちゃん」とよく声を掛けられた。

待望の男子、長男として、ものすごく大切に育てられた。相当かわいがられていたと思う。愛されることが当たり前の子供によくあるように、活発で明るい子。僕は絵に描いたような陽キャとして育っていた。

反面、みさえからのオカルト教育も享受していたのだから、冷静に振り返れば面白い家庭環境だ。相反する扱いを受けながら、僕は明るく伸び伸びと生活していた。

魚屋なのに、なぜか家族全員が画塾に通うという変わった一家で、そのほかにも、ものすごくたくさんの習い事をさせられていた。水泳、剣道、野球、ピアノ、家庭教師も付いていた。当然ながら学校には毎日行くので、休む暇などない。それでも長男の責任感からか僕はやり遂げていた。今ではとても無理だと思う。

小学校3年生くらいの頃、スポーツ万能だった僕は、地元が主催する「相撲大会」で3位に入賞した。太らない体質なので、子供の頃からガリガリで背も低かったのに、かなり足腰の力があった。これは完全に遺伝かもしれない。魚屋を始めた先祖に由来しており、「脇の浜」という名前の力士だったと聞いている。スタミナと闘志を受け継いでいるようで、とてもうれしく感じている。

九死に一生を得る

楽しく過ごす毎日は充実していた。野球もするし、友達も多かったほうだ。

中学2年生のとき、僕は面白い遊びを企画した。灘から甲子園まで自転車で競争するというゲームだ。けっこうな距離だから、かなり大掛かりで楽しめる。スピードのほかに自転車の運転技術や運も必要になってくる過酷な争いだ。ものすごいゲームを考えついたと思った僕は、さらに変な方向にもイメージを膨らませ、ビリには同時に相応のエグい罰を与えなくてはならないと考えた。

○○○を○○する。しかも、みんなの前でやる。それが僕の考えた罰ゲーム。人間の尊厳を奪うのだ。これ以上の罰ゲームはなかなか思いつかないだろう。我ながら天才だと思う。

中学2年生までは明るい性格だった

ゲームの火ぶたが切って落とされた。参加メンバー全員は自分の尊厳を守るため、必死になって自転車をこいだ。僕はスポーツができたし、クラスのリーダー格だった。ところが、みんなそんなことは無視して、どんどん僕を追い抜いていった。

ヤバい。このままでは自分がビリになってしまう。みんなに○○を見られてしまう。自分の考えた罰ゲームで自分が罰を受けるなんて、絶対に嫌だ。なんとしてでもビリだけは避けたい。窮地に立たされた僕は、一発逆転を狙うことにした。

近隣でも、とりわけ大きな交差点。見た瞬間に「いったい何車線やねん」と思うほどで、それくらい大きい交差点を赤信号で渡った。交差点に突っ込むとき「絶対に轢《ひ》かれるな」と思ってはいたが、それ以外に遅れを挽回する方法がなかったのだ。一か八かだ。轢かれた。

どんな車だったのか、痛かったのか、何も覚えていない。それでも衝撃の直後は意識があった。路肩で声にならない声を上げ、泣いている自分。救急車の人に名前や住所を聞かれたが、何も頭に浮かんでこなくてブラックアウトしてしまう感じ。そのあたりまではすべて記憶しているが、次に目を覚ましたのは2週間後だった。

頭を割ったらしく、そこからしばらく僕は記憶喪失になった。医者や母親に自分の名前を聞かれると、すぐに「田中俊行」と漢字が頭に浮かぶ。それでも浮かんだ瞬間、まるで砂がさらさらと流れるように、その漢字は消えてなくなり、何も分からなくなるのだ。

そんな状態が1カ月以上続いた。頭の前側をやられている。元に戻るのは難しいが、まだ若いから可能性はある。そんな説明を医者から受けているとき、みさえが「わっ」と声を上げて泣き崩れたのを覚えている。

以来、僕は常にボーッとしている。今は45歳だが、ずっとボーッとしている。例えるなら頭に霞《かすみ》がかかっている感じだ。事故に遭う前の自分を思い返すと、もっとハキハキして何をするにしても迅速《じんそく》な人間だった。ただ、それを懐かしく思うときもあるが、取り戻したいとは特に思わない。

九死に一生を得たのだ。これでええやろ。

高校は「チロリン村」

事故以来、人格はほぼ変わった。やる気がなくなり、みんなと遊ぶこともあまりなくなった。何より学力が著しく低下した。試験に合格しないと入れない有名な学習塾に通っていたが、そこも辞めることになった。家庭教師も呼ばなくなった。野球部では2番、セカンドで頑張っていたが、部活にも顔を出さなくなった。守備がうまく器用だと期待されていたのに、まったく楽しくなくなってしまったのだ。

ただ、絵だけは好きで、あらゆる習い事を辞めても、なぜか画塾だけはずっと続けていた。洋画を専攻していて、油絵を描いていた。

無気力な中学生活を送っていたら、いざ、卒業の段になったとき、行く高校が全然ないことに気づいた。先生が「もうここしかない」と、半ばヤケクソになって提案してきた高校。それが、通称「チロリン村」と呼ばれる最悪の高校だった。学力も低ければ素行も悪いという、とんでもない高校。僕はそこに通うことになったのだ。

高校時代からは、ほぼ今のイメージと同じ自分だったと思う。時代遅れのヤンキーばかりの中で、陰キャ4人のグループをつくり、それなりに過ごしていた。ほかの生徒からは、相手にされていなかったのか、怖がられていたのか、イジられることは特になかった。チロリン村に通っていたわりには、平穏な高校生活を送らせてもらったと思う。

高校時代は、あまりこれといった事件がない。若い頃にボーッとしていたから、青春も遅れてやって来てくれたのだろう。今が人生の中で一番楽しい。一番元気。毎日、血湧き肉躍っている。人間が死ぬときに「一番いい青春時代」を思い出すのなら、今このときになるのかもしれない。

高校時代は勉強もそこそこに、一番興味のあることは絵だった。姉の影響もあり、進学は芸術系の大学を希望することにした。子供の頃から世話になっていた画塾の先生が、関西の芸術大学を勧めてくれたので、そこを受験することにしたのだ。

逃走！ インドへ

受験当日の朝、灘の自宅で目覚めると、すでに試験が始まっている時間だった。

今から急いで試験会場に行ったとしても、おそらく受験はできないだろう。こうなると僕は落ち着いている。結局、会場には行かなかった。仕方がない。しかも、親や画塾の先生には

「行ったで」と嘘をついた。さすがに試験の日まで寝坊するとは誰も思ってなかったのか、疑われなかったことは幸いだった。

そして、しばらく周囲には試験に受かり、大学に通っていることにしていた。入学金や授業料は、まだ振り込まなくていいとか、連絡がきていないとか、適当なことを言ってやり過ごしていた。今からすると、それが実際に通用していたのだからすごい。

ある日、「あんた、先生にお礼せな」と言って、みさえが僕に数十万の現金が入った封筒を渡してきた。謝礼として画塾の先生に渡せということだ。これで観念した。

僕にはこれ以上、嘘をつくことができない。疑っていない相手をだまし続けるほど、悪者になれなかったのだ。自分でついた嘘に追い詰められた僕は、封筒の中にあった現金を使ってパスポートを取得し、そのままインドへと出奔した。

インドのニューデリーに顔見知りの先輩がいたので、その先輩を頼ろうとしたのだが、結局、会えなかった。自分の計画性のなさにあきれて、むしろ笑えてくる。ずっと一人ぼっちでインドにいるのがもったいなくて、タイやネパールにも行ってみたが、インドの土地が自分に合っていると感じた。その当時は耳かきか髭《ひげ》剃りの仕事をして、インドに骨を埋めようと思っていたことを覚えている。

金がないから外で寝ていたのだが、そうするとインドの人たちが勝手に耳かきや髭剃りをしてくる。彼らに「その仕事どうやるの？　教えてくれ」と聞いて、自分もそうやって路上で生活していこうと考えたのだ。

しかし、実際はそれさえも簡単にできることではなく、結局2カ月たらずの滞在でインドへの逃避行は終わった。日本に帰国後、みさえにバチクソ怒られた。

ショップ店員　レディース担当

無気力に過ごす日々が続いていた。アルバイトもしたりしなかったりで、部屋にいるだけで1日が終わった。そんな日々に不満はなかったが、無為徒食で過ごすには若すぎるとは感じていた。

友人が働いているセレクトショップがあり、「人手が足りないから、ちょっと手伝ってくれへん？」と声を掛けられた。ものすごく有名なショップだから、アルバイトとはいえそこで働くのは難しい。服のことに詳しく、センスが良くないと採用されないのが常だと聞いていたが、そこに100％コネだけで入れてもらった。

勤務地は大阪。そして、なぜかレディース担当として働くことになった。ショップ店員のルールは厳しい。毎日、服を変えることと、商品を一つ以上は身にまとうことが義務づけられる。

販売員でありながら、ショップのモデルにもなっているわけだ。

薄々気がついていると思うが、僕は決められた枠というものが好きではない。ここでもそんな性質が顔を出して、ショップのルールに反発し、毎日、同じ服で通っていた。着古してボロボロになったアリス・クーパーのTシャツだ。カッコいいに決まっている。もっとも、今から思うと普通に「なんで?」って思うけど…。

僕は当然、問題児だった。全然レディースの服も分からない。勤務中は主に裏でタバコを吸っていた。それをまた身内にチクられる。もうショップ店員の仕事は続かない。というかクビになるだろう。そう思い始めたとき、とんでもないことが起こった。

中国人の女性バイヤーが、なぜか僕のことを気に入って、大量に服を注文してくれるようになったのだ。ずっと僕指名。なんと、1日で数百万円を超える売り上げを叩き出したこともある。ただ、そんなことになっても相変わらず服の知識は乏しく、なかなか仕事ができないため、みんなを頼ってばかりいた。

やはりどこか居づらさを感じて、お店を辞めることにした。そもそもアルバイトなので、僕が1人辞めても特に影響はない。たまたま中国人バイヤーに気に入られただけで、僕が手に入れた売り上げは偶然でしかない。結局、そのバイヤーは他のスタッフを気に入り、よりいい買い物ができていたと思う。

当時のショップの人たちも今はみんな偉くなって、すごいなと思う。東京勤務の人もたくさんいるが、あまり交流はない。

神戸から東京　怪談師への道

現在の田中俊行になるまでは、流されるままに生きてきたのだと思う。それでも「やりたいことをやる。やりたくないことはやらない。たとえ食べられなくてもやらない」という考えだが、食べられなくなったらさすがに何かする。

子供の頃から今に至るまで怖い話や怪談が好きだった。稲川淳二さんが好きで、映像を借りてきてそれこそ記憶するまで見ていた。そして、その怪談を真似して親戚や友達の前で話していた。それが僕の原点と言えるだろう。

不特定多数の人に怪談を聴いてもらうようになったのは、神戸でやっていたポッドキャストがきっかけかもしれない。2012年ごろだったと思う。この頃は関西の深夜に心霊番組や怖い話がたまーに流れていた。

その中に夏場だけではあるが、関西のローカルテレビでやっている『稲川淳二の怪談グランプリ』という番組があった。大々的にCMをやっており、一般の人も参加できるオーディションをやっていた。

今までに知り合いも何人か出ていたので、2013年の『怪談グランプリ』に僕も応募した。そして、到底無理だと思っていたオーディションを通過すると、そのまま優勝してしまった。番組のおかげで大ファンだった稲川淳二さんに会えたし、優勝することもできた。思い出づくりとしてものすごく満足したことを覚えている。でも、優勝から先のことなんて、まったく何も考えていなかった。

人生とは、巡り合わせの繰り返しでできている。この『怪談グランプリ』をきっかけとして、僕の怪談に興味を持ってくれた人たちが、ありがたいことに声を掛けてくれるようになった。

いろいろなイベントに呼んでいただいたことが、怪談を語る修行にもなったのかもしれない。大阪の『おちゅーんLIVE!』という番組の中の『OKOWA（おーこわ）』という怪談イベントなども、影響が大きかったように思う。今はそのイベントも番組も休止しているが、とても貴重な体験をさせていただいた。

イベントやライブへの出演が増えて、関西に限らず全国各地から呼んでもらえるようになった。だが、神戸ではなく東京に住んでいると勘違いされることもあり、そうなるとイベントに呼んでもらっても交通費が出ない場合がある。

ホテル代もかかるため、拠点を東京に置くほうが便利だと気づき、風呂なし、トイレ共同、家賃3万円のアパートを仮宿として借りることにした。まったく東京に住む気はなかったが、気がつくと居心地が良く、とても快適に過ごしている。

東京に来たのが3年前なので、実はかなり遅咲きかもしれない。神戸にいる頃は、なんとか親に寄生して生きていこうと、そればかり考えていて、まさかこうなるなんて少しも予想していなかった。怪談が仕事になることも、東京に住むようになることも、頭になかった。だからこそ人生は面白いと、最近になって強く感じている。

はやせやすひろの蔵出し怪談

茶色のどろどろのヤツ

僕の祖母は現在90歳の手前くらい。その祖母が若い頃の話だというから、戦後すぐのことだ。

当時の田舎では蛇口なんてない時代で、近くにある池の水をくんで生活用水にしていたそうだ。

夏の暑い日、いつものように水をくんでいた祖母は、ちょっと池に浸かって涼んでいこうと考えた。池に入ってチャパチャパ泳いでいると、急に足をグッと引っ張られた。祖母は150センチくらいの身長なのだが、「えっ、何!?」と思って水の中を覗いてみると、自分よりも小さい人型のものが足をつかんでいるのが見えたという。

焦った祖母は頭にカーッと血が上り、その人型の肩か腹の部分を思いっきり殴った。すると、その人型は水中でもはっきりと分かるほど、痛がっていたそうだ。祖母は「こいつはイケる」と判断して、その人型を水中から陸に引きずり出し、ボッコボコに殴ってやったと言っていた。冷静に考えると祖母もすごく怖い。

結局、その人型は痛そうにしながら、ヨレヨレになって池に帰って行ったという。祖母いわく「背が低い、茶色のどろどろのヤツだった」とのこと。その池は今でも「河童が出る」といわれていて、注意喚起の看板にもしっかりと河童の絵が描かれている。

最初の心霊体験

怪談の仕事に関わっていると「やっぱり霊感があるんですか?」と、そんなふうに聞かれることがある。残念ながら僕には霊感というものがない。あれば、きっともっと上手に、いろいろなことを分かりやすく伝えられるのにと、もどかしく思うこともある。あるいは取材のときでも「うわ、こわっ」と普通に引いてしまう。怖いのが苦手と思うことさえある。僕が話をさせてもらうのだからしっかり理解しなければと、いつも身を引き締めている。

こんな僕にも少しは心霊体験がある。その一つが小学生の頃の話だ。

はっきりとは覚えていないのだが、ある日、家の風呂が壊れた。近くに銭湯などなかったので、母親と弟と一緒に、街のほうにあるファミリー銭湯まで出かけることになった。家で風呂に入るよりも、ファミリー銭湯に行くほうがイベントっぽくて楽しい。外食もできるし、アーケードゲームもできるので、とてもうれしかったことを覚えている。

ところが、僕は長風呂をしてうどんを食べそこねた。先に出た弟たちはすでに食事をしていて、帰る時間が遅くなるのを心配した母親が「遅なるから、あんた、家に帰ってご飯食べぇや」と判断したのだ。ものすごく悲しかった。僕はどうしても外食がしたかったのに…。

母親の運転で帰路に就いたが、僕は諦めきれずに「でも、さっきのうどん食べたかったけどな。ホンマは」と、しつこく繰り返した。すると当然、母親が「ほな、おまえ、1人で食いに行け」とキレて、僕は暗い山道で車から降ろされてしまった。

僕も意地になって「ええわ、1人で帰ってやる」と、手のひらも見えないほど暗い山道を歩いて行くことにした。母親の車は、もう見えないほど先だ。外灯もない山道を車が通ったであろう方向に進んでいくと、突然、目の前に白い靄《もや》のようなものが現れた。そして、それがどんどん近づいてくる。大きくなっているのか小さくなっているのか分からないけれど、次第に靄は人の形のようになってきた。目を凝らせば凝らすほど、まるで人のように見える。

不思議な光景を見て固まっていると、ちょうど母親の車が戻ってきて「乗りぃ」と、もう一度、僕を乗せてくれた。

「なんか今、白い靄があって人の形みたいになっていったのぉ」と言うと、母親は「あれは見ちゃいけないものだから、聞くな。アタシも見えてたけど、あんなもんは忘れとくのが一番いいよ。うどん食べ行こか」と、ちょっと遠回りして帰ることになったのだ。

よかった。母親とすんなり仲直りできた。それが最初のおかしな体験だと思う。小学校でも低学年の頃の話だ。

肉屋のおっちゃん

高校生のときに上京するお金を貯めるため、肉屋でアルバイトをしていた。そこで働いていたおっちゃんは明らかに常軌を逸していたが、ある日、店に行くと「ちょっと、おまえ、こっち来いや」と、僕を人がいないほうに呼び寄せた。そして「聞いてほしい話がある」と前置きして、恐ろしいことを語り始めた。

「昨日の夜、在庫確認をしていた。豚肉いくつ、鶏肉いくつ、牛肉は…。そんなふうに肉の数をチェックしていると、不思議な〝リストにない肉〟を見つけた。何やろうと思ってよく見ると、それは四肢のない男ん子やった。こいつが動いとんねん。でも、こいつがメチャメチャきれいやったんや。俺はこれをつくりたいと思う。そのためには写真を撮らなくちゃならんと、慌てて携帯を取りに行って戻ったら、もう男ん子はいなかったんや」

ああ、思い出すだけで気色悪い。おっちゃんは「きれいやったなぁ。あれをつくりたいんじゃ」と言いながら、僕の腕をトンッと叩いた。それ、僕でつくろうとしてないか？

僕は身の危険を感じて、その日のうちにアルバイトを辞めた。東京に行きたいのに、こんなところで四肢切断されるわけにはいかない。おっちゃんは本当に怖すぎた。

その後、僕は無事に上京を果たし、紆余曲折《うよきょくせつ》を経て怪談やテレビの仕事をさせてもらっている。ある日、仕事で岡山の怖い話を集めることになった。肉屋でアルバイトをしていたときから、もう何年もたった頃だ。

「岡山の怖い話かぁ、何かないかな」と思っていたら、あの肉屋にいたおっちゃんのことを思い出した。そういえば、あのおっちゃんは四肢のない男ん子を見たとか言ってたな。改めて話を聞いてみよ。

店主のおじさんに電話を掛けてみると、あの怖いおっちゃんがとんでもない人物であることが判明した。

「お久しぶりです。実は岡山の怖い話を集めてまして、○○さんって怖いけど、ちょっとお話を聞きたくて。今は何してるか分かりますか?」

「おまえ、ニュースとか見とらんのかい?」

「何がですか?」

「その男の名前を入れてみぃ」

さっそくネットで、おっちゃんの名前を検索してみると、まさかまさか、おっちゃんはバラバラ殺人で捕まっていた。被害者をバラバラにした後、燃やしている。着ていた服などは川に捨てたらしい。そこはニワトリの羽などを処分していた場所だった。つまり、肉屋で学習したことをそのままやったのだ。おっちゃんは肉を解体するのと同じ手法で、人を殺してバラバラにしていた。

さらに調べてみたら、おっちゃんの正体は建設会社の社長であることが分かった。肉屋でのアルバイトは趣味で、生き物を殺して解体することが目的で働いていたのだ。びっくりするほど気持ち悪い。

そう言えばあのおっちゃんのことについて、地域の人たちはほとんど何も知らなかった。いろいろ変な人たちに会ってきたが、肉屋のおっちゃんは本当に強烈だった。

おーい、おーい

それは僕が18歳の頃、いわく付きのアパートに住んだ初日から始まった。部屋でぼんやりしていると、壁を外からコンコン叩かれる。飲み屋街にあるアパートだったから、酔っ払いがいたずらしてるのか、誰かが別の部屋をノックしている音だろうと思い、最初は気にも留めなかったのだが、そのコンコンという音はどうにも鳴りやまない。

「うるさいし、なんか気色悪いな。注意してやろう」と部屋の外に出てみると、音のする壁は線路側に面していることが分かった。線路があって、石の塀がある。そのすぐギリギリのところにアパートが建っているから、外には室外機を置くスペースがやっとあるくらい。人間が入り込める余地はない。ましてや、そこには誰もいなかった。

僕が首を傾げた途端、ゴンゴン、ゴンゴンと壁を叩く音が、また聞こえた。

「これかー！」

いわくの正体がこの音であることは分かったが、家賃3万円には代えられない。そもそもアパートを出て行くにもお金が全然ないので、気味が悪いけど我慢することに決めた。叩かれるだけだし、しかも時間は深夜。僕はなんとか我慢できると判断し、いわく付きの物件に住み続けることにした。その日は部屋に戻って就寝したのだが、壁を叩く音はずっと聞こえていた。

ある日のことだ。夜中の2時くらいに、相変わらずコンコンと壁を叩く音が聞こえ始めた。

しかし、どうも様子がおかしい。いつも外から叩かれるのに、この日は部屋の中で壁を叩く音がする。

「入ってきてるやん」

そう思ったのだが、時間は2時。大好きな伊集院光さんのラジオの時間だ。音なんて気にしていられない。ヘッドホンをしてラジオに没頭することにした。ずっと壁を叩く音はしていたが「面倒くさい。知るか」としか思わなかった。

しばらくすると、もう一度、部屋の壁を叩く音が内側から聞こえた。僕は「ああ、また殴られてるわ」と思って、ヘッドホンをしてラジオを聞くことにした。当時はTBSラジオの『JUNK（ジャンク）』にドハマりしていて、絶対に聞き逃したくなかったのだ。

すると「おーい、おーい」と、子供の声のようなものが聞こえた。こっちに来いと、呼びかけてくるような感じの「おーい」だ。それが殴っているほうの壁から聞こえる。さすがに怖くなり、ラジオの音量をマックスにした。部屋から出ればいいのに、なぜか僕にはその考えが浮かばず、ヘッドホンをしたまま部屋の真ん中に座り込んだ。

番組のオープニング音楽が流れてきた次の瞬間、話し始めた伊集院光さんの声の後ろから、また「おーい、おーい」と子供の声が聞こえてきた。もうダメだ。僕はヘッドホンを放り投げ、部屋を飛び出した。一番近いコンビニに飛び込み、そのまま店の中をぐるぐる徘徊《はいかい》した。結局、動揺して部屋に戻れず、朝までずっとコンビニにいた。

「何あれ、なんだあれ」と怖くて仕方なかったが、それでも行くところがなく、外が明るくなってからようやく部屋に戻ることにした。そのときはもう壁を殴る音が聞こえなかったので、ほっとして倒れ込むように眠りについた。

数日後、今度は部屋の扉をドンドンと叩かれた。開けてみると女性の管理人さんで「上の階の人、あいさつしたことある?」とのことだった。僕の部屋が102だったから、たぶん202の人か。僕が「いや、ないですね。あっ、でも、引っ越してきたとき一度、あいさつしたかな」と言うと、管理人さんは苦々しい顔をして話し始めた。

「上のヤツが家賃を全然払わないから、カギを開けて見てみたのよ。そしたらもうムチャクチャよぉ」

部屋の壁をナイフか何かでズタズタに切り裂き、壁に落書きして汚したうえ、御札のようなものをベタベタと貼りつけていたらしい。管理人さんは「まったく、あの部屋を直すのに、いくらかかると思ってんだろう」と、ものすごく怒っていた。

そして、僕はこの話の続きを聞いて、すぐに引っ越そうと思った。

「しかもね、それって全部上じゃなくて、腰から下あたりだけなのよ。気味悪くない？」

僕の身に起こっていたことも、まさに腰から下のことだった。叩かれる壁の位置も「おーい、おーい」と呼ぶ声が聞こえてくる場所も、すべて腰から下だった。このまま部屋にいたら、自分も202の人みたいに、この世からいなくなってしまうんじゃないか…。そう思うと怖くなって、東京に出てきてから初めて母親に電話をした。そして、お金を借りて引っ越したのだ。

怪談をするようになって、そのアパートを久々に訪ねてみたら、壁の色こそ変わっていたが当時のまま同じ場所に建っていた。

一軒家をつくり変えた部屋数の少ないアパート。ここで昔、若い夫婦が子供を虐待して殺し、ゴミ袋に入れて捨てたという事件があったそうだ。

「おーい、おーい」

子供は誰に呼び掛けていたのだろうか。今でも呼んでいるのだろうか。

第2章　怖い話の集め方

現場主義にこだわる理由

はやせやすひろ

「怖い話ってどうやって集めているんですか？」

皆さんからそう聞かれることが多い。僕の話にはなってしまうけど、そのあたりを少し説明していきたい。

怪談を集め始めたのは、高校生の頃からだ。例えば、同級生が「あいつ、幽霊を見たんだって」などと話しているのを聞くと「ちょっと、紹介してくれん？」と言って、その人に会いに行っていた。もちろん、ノート持参だ。どんなときに、どんな場所で、どんな体験をしたか、という基本的なことから、こういう人が、こういう話をしてくれたと、体験者の人となりまでメモしていた。

同じ高校生だけでなく、親戚の人やバイト先の人へも「何か怖い話ないですかねぇ」なんて聞いてまわっていたと思う。でも、当時は、それをどこかで披露するつもりなんてなかった。

僕は怖い事象よりも「どうしてそういう体験をしたのか」というほうに興味があるから、細かく聞いていただけに過ぎない。

怪談を発信していこうと決めた頃は、おもにテレビの裏方で知り合った霊能者の方から話を聞いていた。どこどこの心霊スポットに行ったとき帯同していた人だとか、タレントさんの撮影のときにいた人だとか、そういうふうに知り合った人たちだ。一般の人よりも、プロの人から話を聞いて収集することが多かった。

いまはX（旧Twitter）のＤＭ（ダイレクトメッセージ）がほとんど。メールアドレスを公開しているので、メールで一般の方から情報をいただくことも多い。時間が許すのであれば、連絡をくれたすべての人にお会いして話を聞きたいと思うのだが、なかなかそれは難しくて申し訳ないと思うばかりだ。

はやせの取材スタイル

怪異はデータだ。どんな話でも面白い。これはと思った話があれば、どこまででも出かけて行く。例えば「絶対に誰にも話さないでください。オフラインでも話さないでください。はやせさんだけに話します」と言われても、興味を持った話であれば聞きに行くと決めている。どこにも出せなくていい。使えなくてもいい。僕の知識とデータにしたいから聞くという考えだ。

話を聞くためだけに、沖縄まで行ったこともある。

一般的な怪談師の方から見ると、僕の取材はだいぶ変わっていると思う。でも、それには理由がちゃんとある。ただ怖い話を集めることが目的ではないからだ。怪異に遭遇した体験者の方から僕が聞きたいことは、どんな怖いものを見たか、どんなふうに怖い気持ちになったのかではない。

「どうして、怪異だと思っちゃったのか」

僕が聞きたいのはそっちのほうなのだ。ＤＭの時点で、どんな怖い体験をしたのか、ある程度は分かる。でも、僕は電話やメールではなく、会いに行く。それは怪異を体験するまでに、どのような経験をしてきて、この怪異に遭遇したのか。そして、怪異の後は、どのような経験をしているのか。そちらのほうに興味を持っているからだ。

昔話の『桃太郎』を例に出して説明したい。

桃太郎の話を語るうえで、おじいさんの描写は必要ない部分だ。おじいさんがどこで何をしていようと、桃太郎という話の構成上は関係ない。本筋にはどんな影響もない。それでも、おじいさんの描写は絶対に必要だ。それがあることによって、聴く人の想像力は初めて動き出す。

おじいさんとおばあさんの家は、どんな雰囲気なのか。毎日の２人の暮らしぶり、着ているもの、性格。そういう細かいことは、物語の本筋とは関係ない描写だから、受け手の頭の中で組み上がっていくものだと考えている。そして、すべての「話」はこの理論で成り立っている。だからこそ怪談にも、怪異体験とは関係のない情報が必要となってくるのだ。そうすれば話に深みと信憑性《しんぴょうせい》が増してくる。

どうしても必要だと思うから、会いに行って「それでどうしてそこに住むことになったんですか」「独り暮らしするまでは、どんなふうにご家族と過ごしていたんですか」などと、怪異とはまったく関係ない話を聞いている。僕の取材がちょっと変わってるのはそういうわけで、「どうしてそう思ってしまったんだろう」とか「そうじゃないって言ったら、この人はどう思うんだろう」とか、そんなことを気にしながら取材している。

怪談話は「この扉を開けたら、こんな怖いことがあったんです」という怖いことだけを強調して話されがちだけれど、僕は「なぜ、扉を開けようとしたのか」という理由が知りたい。そこが大事だと感じる。それが分かれば、その人がなぜ怖い体験をしてしまったのか、解明できるような気がするからだ。

そんな感じなので、取材にはけっこう時間がかかる。関係ない話を3〜4時間もして、肝心の怖い話を聞き忘れて帰ってきたこともある。話を聞く場所は、体験者さんに指定された最寄りの喫茶店が多いけど、車の中とか、怖い体験をした場所をぐるぐる歩き続けるなんてこともあった。そんなときは足腰が強くてよかったと思う。

会わないと分からないこと、見なければいけないことがたくさんある。足を運んで取材するからこそ、情報は得られるのだ。これからも取材を大事にやっていくつもりだ。

未来が見える能力者

可能な限り、取材をしようと思っている。睡眠時間を削ることは、もとより覚悟の上だ。これまで取材をさせていただいた方たちは、皆さんとんでもない体験をしていた。ズバ抜けてすごい人たちと出会えて、僕は恵まれていると思う。

取材の中で、図らずも不思議な能力を持った方と邂逅《かいこう》したこともある。

怪異を体験したという女性の方に、取材をさせてもらったときのことだ。話の内容は正直、よくある怪談で「で、お化けが出たんですよ」的なものだった。そのため「あー、よくある話だな」と思ったのが、どうも顔に出てしまったらしい。感情が顔に出ることは、よく注意される僕の悪い癖だ。

僕の反応が薄いことに気づいた女性は「いまいちでしたか？　すみません。うーん、何かあったかなぁ」と別の話を探している。

「何か持ち帰ってほしいんですけどぉ。うーん、あっ、こんなのは普通ですか？　私専用の仏像が、生まれたときからあるんですよ」

そんな話、普通じゃない。それで「いやいや、それ、その話を聞かせてくださいよ」となり、続けて話してもらった。

女性が生まれたとき、ある占い師から「この子は力が強すぎるから、仏像を持ったほうがいい」と言われ、親が1万円ほどの仏像を購入した。仏像には毎日、お水とお茶をお供えした。本当に毎日お供えしているから、家族は旅行へも行かなかったそうだ。娘のための仏像を両親は深く信仰していた。

そんな話の途中で、女性は「ちょっと話がチグハグになるんですけど、私って少しだけ先の未来が見えるんですよ。でも、私はそれを障害だと思ってるんです」と告白した。その瞬間、僕はハッとした。

取材の場所は九州だったが、考えてみたら僕は取材先を誰にも言っていない。それなのに僕が九州に入る前日、女性から「明日から九州に入られますよね？　もしよかったら話を聞いてくれませんか？」とDMが来たのだ。そのときはあまりにも普通の文面で、おかしいことだと気づかなかった。

ほかにも不思議なことがあった。女性と17時に待ち合わせていたが、ゴールデンウイークで渋滞になり連絡せぬまま居眠りしてしまった。起きたのは17時半、そこで連絡して18時に待ち合わせ時間を変えてもらった。18時少し過ぎに着いた彼女に「遅れてすみません」と謝罪すると「18時に来ることが分かっていたから17時にはそもそも行っていません」と言われたのだ。

女性は「こういうことは、夢で見るんです」と言っていた。夢で見るのは、おもに1日先の未来。24時間のうち、何カ所かの切り取られたシーンを見るとのことだ。

小さい頃は、遊びの予定やプレゼントの中身なども夢で分かってしまい、当ててしまう。それが原因で仲間外れにされたり、気味悪がられたりしたそうだ。だから女性は「これは過度の思い込みか障害でしょう」と諦めたように話してくれた。

僕はそれを女性の個性だと思った。不思議な力ではある。それでも、それは女性の個性だ。足が速いとか、力が強いとか、背が高いとか、そういうことと何ら変わりないことだと思う。だから、その能力と一緒に堂々と生きていくべきで、自慢してもいいくらいだ。

取材をしていると、こういった予期せぬ収穫があるから楽しい。もっとも、女性のほうはそれさえ「予期」していたのかもしれないが…。

熱湯をそそいで目をつぶす

もう一人、未来が見える能力者に会ったことがある。希有《けう》な存在の方に会えることも取材の醍醐味《だいごみ》だ。現場主義の賜物《たまもの》だと思っている。

その人との出会いは、本当にちょっとした雑談がきっかけだった。オカルトとはまったく関係ない仕事で、ある大企業に行ったときのこと。社長さんにしっかりインタビューできて「けっこう面白い話を聞けたなぁ」などと思っていた。帰りがけに同行していたライターさんと社長さん、僕の3人でおしゃべりをしていたとき、ライターさんが「はやせくんは、オカルトとかもやってるんですよ」と、そんな話をしてくれた。

すると、社長さんが「あっ、そうなの。よく分からないけど、そういえばうちでも霊能者を雇ってるんだよ。月に1回来てもらってるんだ。ちょうど今日いるから会っていくかい？」と言うではないか。あら、うれしい。

1時間ほど待っていると、奥から杖をついて目をつむったおばあちゃんが出てきた。聞くと、どうやら目が見えないらしい。そして、その横には全身を高級ブランド品で固めた女性がいて、どういう関係性か僕にはまったく分からなかった。

社長さんに紹介してもらい、おばあちゃんに話を聞かせてもらった。

おばあちゃんは山口県出身。今はもうない地区の生まれだ。おばあちゃんが生まれた一家は、ずっと昔から占いで生計を立てていた。能力者の家系ということだろう。その中でも「霊が見える」「未来が見える」と言い出す子供がいると、目に熱湯をそそいでつぶしてしまう。そのおばあちゃんも小さい頃から霊が見えた。すると、周りの大人たちが「この子はそうだから」と言って、目をつぶされたという。

おばあちゃんは何ができるかというと、人の頭に手を置くだけで、その人が過去いた空間の記憶を読める。つまり、僕の頭に手を置くと、岡山の実家とか、これまで住んできたアパートとかが見えてくる。そして、そこで何が起こったか分かるらしいのだ。過去を読み取ることができるから、未来も見えると言うのだが、そこは何だかよく分からなかった。その人自身ではなく、その人がいた空間で起こることが分かるという。

ちょっと信じてなかったが、僕の頭にも手を置いて見てもらった。結果、バシバシ当てられてしまった。いまだに後悔していることや、奥さんのこと、家族の性格まで、全部当たっている。「じゃあ、未来も見てみようか」と言われたとき、怖くなっておばあちゃんの手をパッと下から払いのけた。だって怖すぎる。僕は「もう大丈夫ですぅ」と言ってしまった。すごいよりも、気持ち悪いが勝るくらい当たっていた。

「ちなみに、あの横に立っている女性が、おばあちゃんが稼いだお金でブランドまみれになってるんは、見えてるんですか?」と聞いたら、「そりゃ見えなかった」と笑っていた。

素敵なおばあちゃんだった。

怖すぎて放送禁止の話

すべての体験談は等しく興味深い。霊感のない僕にはすごく貴重だ。多くの取材をしているけれど、中でも記憶に残る話というものがある。最近もそんな話を聞いたばかりだ。

怪異の体験者は、すごく有名人。仮にAさんとしておこう。僕はAさんの番組に裏方として参加していた。この話は、Aさんが番組の中で語ったことなのだが、ちょっと内容的に「これは…」ということになり、カットされてしまった。スタッフみんなが「恐ろしすぎる。こんな話を放送できるはずないだろ」と、口をそろえてお蔵入りになったというわけだ。

番組が特定されないように、ぼかして書くことにする。

数年前、Aさんは某番組を撮影していた。一般人の方も交えて、みんなで一つのゴールを目指すという内容だ。そのために練習が必要な流れだったため、みんなで代表者の家に集まった。一致団結して、きちんと練習をすることができたそうだ。そして、ちょっとお茶をしようという話になった。

一般人の出演者の中に、すごく明るい男性がいた。ムードメーカーでとても元気。その人がいると、その場がパッと明るくなるようなタイプだ。Aさんは一番話し掛けやすかったから、その男性に「今日の練習どうだった？」と聞いてみた。なんとなく場を和ませるつもりで、考えもなく話し掛けたに過ぎなかった。

するとと「はぁ」と気の抜けた返事。いつもの明るくて元気な男性とは、まったく別人のようだった。Aさんが「どうしたの？　やる気ないの？」と、そんなふうにふざけてみても、その男性は「はぁ」としか言わない。ぼんやりして、どこを見ているのかもよく分からない。そう言えば練習のときも、疲れたようなグッタリした雰囲気だった。

どうしたんだろう。どこか体調でも悪いのかな。それにしても、なんだこの気の抜けた感じは…。Aさんは不思議で仕方なかったそうだ。

「もういいよ、いいよ。記念に今日の写真だけ撮って解散にしよう」

そう言ってAさんは、携帯で写真を撮った。

消えてしまった男

しばらくして、その元気な男性と連絡がとれないという事態になった。Aさんも周囲から「連絡がつかないか？　何か知らないか？」と聞かれるが、もちろん何も知らない。そうか、あのとき元気なかったもんな、何か悩んでいたのかなと、ふと練習後に撮った写真を見返してみた。

男性が薄くなっている。おかしいと思ったAさんは、あのとき一緒に写真を撮った人たちに連絡したそうだ。自分の携帯が壊れているのかもしれない。何なんだろう。

すると、全員の写真の中で男性は薄くなっていた。共演者の一人が「映画の『バック・トゥ・ザ・フューチャー』で、この世に存在しなくなると写真が薄くなるってあったけど、あれじゃないの？」と言い出した。まさか。みんな「そんなことないでしょ」「明るくて元気だったし」「大丈夫だよ」と怖くなって口々に否定し、それっきり写真を見るのをやめてしまったそうだ。

数日後、今度はその男性が亡くなっていたという連絡が入った。そうか、元気なかったもんな。あのとき励ましていたら、もっと気にかけていたら、こんなことにはならなかったのかな。Aさんは自責の念にかられたという。そして、恐る恐るあの写真を見てみると、男性はいなかった。今度は写真からすっかり消えていたのだ。そんなバカなと思い、まさかの気持ちで連絡すると、みんなの写真からも男性はいなくなっていた。すべての出来事が、どうしてなのかまったく分からない。

この話をAさんから直接聞いたとき、ものすごく怖かった。番組名も、いなくなった男性のことも、全部実名で話していたし、話すのがとても上手な人なのに、言葉を詰まらせ、息を飲みながら話していて、恐ろしくて仕方なかった。絶対につくり話じゃないし、ただの思い違いでもない。それが真摯《しんし》に伝わってきた。

Aさんの表情や体の動きから後悔と辛さがよく分かり、現場で本当にぞっとした。さらに怖いのが、カメラロールを何度見ても、今では写真そのものが消えてなくなっていることだ。しかも、保存していた人たち全員の携帯から、写真が消えているという。調べても、考えても分からない。単に怪談や怖い話とくくれない不気味さがある話だった。

田中俊行の蔵出し怪談

道連れの儀式

祖母の「くに子」から聞いた話だ。

くに子は鳥取県の大栄町近くの片田舎に、6人兄弟の3番目として生まれた。父親は太平洋戦争で戦死し、母親と幼い子供5人で暮らしていたという。

母親は運の悪いことに、6人目の男児を出産した後に命を落としてしまう。戦後の混乱期に子供だけで暮らしていくことは、とても大変だったそうだ。すべてを背負うかたちになってしまった長女は、ついに心労から倒れて、それからは寝込んでいる時間が増えた。くに子はまだ11歳ほどで、ただ、姉の心配をすることしかできなかった。

ある晩、寝込んでいる長女の枕元に、亡くなった母親があらわれた。長女ではあるものの、まだまだ母親を必要とする年齢。懐かしさや悲しさ、会えたうれしさで涙するのが当然だと思いきや、長女の口から出たのは母親への恨みつらみだった。子供が子供を育てる生活は、それほど辛かったのだ。

「なんで私たちを置いて死んだの？　どうやって暮らしていけばいいの？」

そう言って長女は泣きじゃくった。

「本当にごめんね。もしかしたら、あなたたちが助かる方法があるかもしれない」

枕元の母親はそう言って、ある奇妙な作業をするよう長女に指示した。

長女が目を覚ましたときは、すでに朝を迎えていた。さっそく長女は兄弟たちを集め、昨夜に夢で見た母親からの指示を伝えた。そして、それを実行するため兄弟に「手伝ってほしい」とお願いしてきたという。

長女の大変さをよく分かっていた兄弟は、二つ返事で手伝うことを了承した。

まず、和紙を集めてくれと言われたので、村中を駆けまわり、集められるだけの和紙を集めた。次に、その和紙を切って100枚の短冊をつくった。そこに、長女が漢字とひらがなが混じった言葉を筆で書く。くに子にはまだ難しく、その言葉を読めなかったそうだが、100枚すべてに同じ言葉を書いていたという。

そうして出来上がったものをザルに入れ、長女は兄弟を連れて日本海側にある橋津の海岸に持って行った。朝早くから山を越えて、かなり歩いたそうだ。

橋津の海岸は長女がまだ幼い頃、父母と遊んだ思い出の場所だ。その日は波が荒かったが、長女は構わず膝まで海に入り、ザルを傾けて中の短冊を「ザーッ」と海に流した。波が短冊を洗っていく。母親が長女に指示したことは、ここまでだった。

長女が海から上がり、兄弟で波に漂う短冊を眺めていたら、一瞬、時が止まったようになった。荒れた波も収まり、風の音も聞こえない。すると、バラバラに波間を漂っていた短冊が、ピタッと横一列に並び、沖に向かって進み出したのだ。くに子にはそれが、まるで船が出航するように見えたそうだ。

短冊は吸い込まれるように、沖へ沖へと向かっていく。兄弟はそれをずっと眺めていたが、短冊がすっかり見えなくなると「バシャーン」と波の音が聞こえ始め、風も吹き出した。小さな奇跡だったが、不思議な光景を目の当たりにしたくに子は「きっと私たちは助かる。お母さんの言ったことは正しかったんだ」と確信したという。

兄弟は足取りも軽く、帰路に就いた。来るときに越えた山も、帰りはそれほどキツいと感じなかった。

「これで、助かるんだ」

ニコニコしながら、背負っていた末っ子の男児を降ろした長女が、急に悲鳴を上げた。男児は息を引き取っていたのだ。とても悲しいことだったが、そのおかげで5人の兄弟は生き延びることができたそうだ。

数年前に亡くなった祖母から聞いた話だが、僕が家族から聞いた不思議な話はこれ一つだけである。

野犬の霊に取り憑かれた少年

僕は物心ついたときから小学校3～4年生まで、定期的に野犬の霊に取り憑《つ》かれていた。笑い事ではない。当時は家族の大問題だったし、取り憑かれている間でも意識はあるので、僕自身、とても恥ずかしくて死ぬほど悩んでいた。

体調が悪くなったり、風邪を引いて熱が出たりすると、野犬の霊はやって来た。時間は決まって夜間帯。取り憑かれてしまうと、僕は家族が眠っているにもかかわらず、家の中を四つん這いになって走りまわる。朝になると元の自分に戻った。

その間、完全に制御不能の感情に突き動かされるのだが、意外に意識はハッキリしている。自分を俯瞰《ふかん》で見ていて、暴れるたびに「また取り憑かれた。恥ずかしい」と思いながら、止めることができないのだ。すごく苦しかった。

家中を走りまわり、メチャクチャにしてしまう。時には「うぉん」と鳴き声を上げることもあった。襖《ふすま》や扉に体当たりするのはまだいいほうで、ひどいときには家族に噛みつくのだ。非力な姉たちには、かなり本気で襲い掛かっていたのを覚えている。そんなとき、僕には犬の意識も宿っている。自分の意識の中に犬の意識も混在していて、家族に噛みつくときなどは犬の感情に支配されているのだ。

家族全員が、僕の奇行を恐れて疲弊していた。心霊関係の話が大嫌いな父親に至っては、僕が野犬に取り憑かれて以来、口を利いてくれなくなったほどだ。毎日ではないものの、寝不足が続いたり、疲れていたりすると、必ず野犬の霊に体を乗っ取られた。

犬の意識が入ってくると、どうやら記憶も共有するようで、まったく知らない男性に自分が懐いている記憶が湧いてくる。かなり大きな家の庭で、自分を撫でてくれる男性の足元が見える。いつも優しくしてくれる。その男性のことを僕は「お父さん」と認識していて、お父さんに撫でられて、うれしくて幸せな気分になっている。そのとき僕は、紛うことなく犬でしかなかった。

取り憑かれている間は、お父さんが僕の家族なので、目の前にいる本当の家族は知らない人たちでしかない。僕としては「知らない人たちに囲まれて怖い」という感覚になっていたことを覚えている。お父さんの元に帰ろうとしていたのか、ただ逃げ出したかったのか、とにかく「ここを出なくては」と思って、出口を探して駆けずりまわった。それを家族みんなが必死になって阻止する。

自分の意志とは関係なく暴れていると、断片的にお父さんとの記憶が頭に入ってくる。すると、また意識がなくなり、次に気がつくと、家族を襲うため家の中を駆けずりまわっている。我に返ったときには、家の中が信じられないくらいグチャグチャになっていて、母親は疲れきってグッタリとしている。取り憑かれている間は、いつもそんな状態を繰り返していたが、自分ではどうすることもできなかった。

これは大人になってから家族に聞いたことなのだが、僕が犬になっているときは、階段を上がるスピードが尋常ではなかったそうだ。実家の階段はかなり急で、慣れている家族でも気をつけて上り下りしないと危ない。でも、僕はそれを四つん這いのまま一足飛びで上がりきる。「ちょーん、ちょーん、ちょーん」と飛び跳ねる僕は、本当に動物にしか見えなかったそうだ。

その後、神戸のインディーズ占い師の先生にお祓いしてもらった。僕は幼かったので、どんなお祓いをしてもらったのかは記憶にない。ただ、お祓いのおかげなのか、成長して自己が確立したからなのか、小学校の高学年になると奇行はすっかり治まった。

取り憑かれている間はメチャクチャに暴れていたのに、不思議なことに怪我をまったくしなかった。むしろ暴れ終わった翌朝は気分がスッキリとして、普段よりも元気になっていたくらいだ。

あの日々は、長かった。本当に恥ずかしくて、悩んで苦しかった。あのときの気持ちは今も忘れられない。ずっと心の隅にある。本当のことを言うと、今でも怖くなるときがある。いつかまた自分が犬になったらどうしよう。ちゃんと祓えた保証なんてないだろう。僕は常に不安を抱えて生きている。

第3章　イベント、動画のつくり方

僕のパワーを受け止めて！

田中俊行

ライブハウスやイベントは大好きだ。笑顔が売りの田中は演者の皆さんとのやり取りも好きだ。その場でのアドリブで奇跡も起きる。やはり、ファンの方の顔が見えるイベントは、やる気が出るものだ。怖がる顔、喜ぶ顔、真剣な顔、ニヤけた顔…。ステージからは、意外と客席がよく見える。僕は皆さんのいろいろな顔を見るのが好きだ。

あなた、田中に見られてますよ。田中を見つめるとき、あなたもまた、田中に見つめられているんですよ。ここでは実際のイベントを例に挙げ、その進め方を説明していきたい。

『怪談怪23』ロフトプラスワン（東京・新宿）

２０２４年2月11日（日曜日）、この日、田中は新宿に向かった。お昼12時にスタートする『怪談怪23』に出演するためだ。怪談イベントの黒子として有名な最終京王線さんが主催する怪談ライブだ。毎回、数名の怪談師が出演して、フリートークと怪談を披露する。怪談だけをするライブではなく、出演者たちのトークライブに寄っている内容だと思う。演者の普段の雰囲気が見えるからか、すごく人気のあるイベントだ。回を重ね、もう23回目を迎えた。

この日も満席で、チケットは予約でソールドアウト。今回の出演者は、いたこ28号さん、吉田悠軌さん、今仁英輔さん、川奈まり子先生、そして、田中である。この日は、川奈先生の怪談作家生活10周年記念も兼ねている。気心の知れた方たちと共演できるイベントなので、事のほか僕も楽しみにしていた。共演者は怪談師として力のある方ばかり。いつになく本気を出して頑張るつもりだ。

●11時

田中入り。集合は何時だったか不安だったが、12時スタートだから間に合った。僕にしては余裕を持ったつもりなのに、みんなからは「ギリギリ」と笑われてしまった。プラスワンの楽屋では、いたこさんと川奈先生が、ずっと何か話している。今仁さん、吉田さんの「とうもろこしの会」グループは、渋く控えている感じ。みんないつものペースだ。

最近、取材で行ったキューバにとても魅了された。今日の服装はチェ・ゲバラを意識して、真っ赤なジャージのセットアップ。赤はやる気がみなぎる。

●11時5分

『怪談怪』では細かい打ち合わせをしない。フリートークを楽しんでもらいたいからだ。香盤

東京・新宿の『ロフトプラスワン』で開催された『怪談怪23』（主催・最終京王線）

表が配られる。実は、ここで川奈先生がゲストだと初めて知った。席順は僕が真ん中とのこと。後ろのイベントが中止になったので、終わりが予定の16時を過ぎても大丈夫と聞かされる。

僕はイベントの用意を「あえて」あまりしない。ここで、今日のイベントで見せたい画像のチェックを破竹の勢いで始める。準備の傍らLINEチェックとSNSチェック。いたこさんが、楽屋でカレーを頼む。僕も何か頼もうか悩んだ。今日は、みんな落ち着いていて、いつもより静かだ。

●11時20分

タバコ休憩。みんなで人間ドックの話をした。

●11時30分

客入り。いたこさんが、ずーっと話し掛けてくる。この人、止まらんのか。集中力はあるほうなので、いたこさんの話を聞きつつ、画像検索。いたこさんは「ゴムっぽいスライム状のうんこの話」を40分くらい話している。めちゃくちゃいい顔。うんこの話も怪談とか都市伝説に持っていく。いたこさんはすごい。

●11時50分

キューバに行っていたと話すと、みんなが「アメリカにマークされている」「もうアメリカに入れない」と教えてくれた。パスポートが更新されたら、行けるらしい。

●12時

イベント開始。いよいよスタートだ。まずは、いたこさんが「光の戦士」の話を始めた。そこから広げて自分の怪談をしたり、フリートークをしたりするのが『怪談怪』だ。プラスワンでは演者もお酒を飲みながら話す。とはいえ、ベロベロに酔ってしまってはいけないので、薄いハイボールを頼む。少しお酒が入るとトークもスムーズに進む。

今、僕はパワーポイントにハマっているので、写真を見せながら話をしようと決めていた。でも、なんだかやり方がよく分からなくて、なかなか写真を出すことができない。どんどん順番を飛ばされてしまった。ほかの演者たちもベテランなので、僕が画像を出せないでいる間も、すごい話をしている。背中を守ってもらっている安心感がある。が、少し焦りもした。

とはいえ「完璧を求めるより、まずは終わらせる」ことだ。

住宅街の宇宙人と霊のために歌う男

僕が最初に出したのは、大阪の喜連瓜破《きれうりわり》で撮られた一枚の写真。四国の女性からDMを通じて提供してもらったものだ。

女性は大阪で一軒家を探していたが、結局、写真の場所あたりに一軒家を建てる予定だという。周囲の環境を知りたいと、不動産屋から写真を送ってもらった。すると、そこには絵に描いたようなグレイ型の宇宙人が写っているではないか。それも4体だ。

玄関に1体、ベランダに1体、家から出て行こうとしている1体、窓からこちらを見つめる1体って、そんなことある？　この家は宇宙人がシェアハウスでもしてるのかと思って、僕に送ってくれたというわけだ。

会場から笑いが起きたが、これは冗談では済まない案件だと考えている。合成だとしたら、なぜ、不動産屋はこんな不可解な合成写真をつくる必要があったのか。不気味がられるだけだろう。まったく分からない。

少し調べたところ、喜連瓜破は宇宙人が出るスポットとして、知る人ぞ知る場所らしい。さらに、疫病を鎮めた神様の伝承もある。写真と何か関係しているのかもしれない。ひょっとすると冗談のような合成写真はスケープゴートで、何か隠さなくていけない真実があるのかもしれない。今後も徹底取材するつもりだ。

ここで『X－ファイル』のテーマソングをかけた。

大阪の総持寺にあるライブバーの話もさせてもらった。テルマエ立川さんというミュージシャンの方がマスターをやっている。テルマエさんは、撮る写真、撮る写真が、すべて心霊写真になってしまうという特異な人だ。それはもう全部の写真に霊が写っていて、その枚数がエグいのだ。

どうもお店に霊道が通っていて、そのためテルマエさんはずーっと霊にぶち当たっているから、心霊写真が撮れるようになってしまったらしい。テルマエさんはギターを弾きながら歌うのだが、この歌は人間のためには歌っていない。霊に対して歌っているとのことだ。すごいなと思ったので、テルマエさんのお店の写真も出させてもらった。

●13時

休憩。

●13時20分

後半スタート。ステージ行く前に携帯を落とした。みんなそろって「チェ・チーノ」で乾杯。チェ・チーノとは「おい、中国人」という意味だ。キューバでよくそう声を掛けられた。今度はクエン酸サワーを頼む。

厳選! 身の毛もよだつ心霊写真

後半も、心霊写真を中心に話した。僕自身もそう思うのだが、オカルトファンからしてみると、やはり動画より写真に興味が湧く。子供の頃よく見た心霊写真集に、いまだに魅了されているのだ。

最初の一枚は違和感のある後頭部の写真。男性の後頭部に数人の顔らしきものが写っている。なんと、犬の顔も写っている。

次は5年前にあった中学校の同窓会で撮った集合写真。メガネを掛けた男性の後ろに、白いマスクで顔を隠した女性が写っている。しかし、この女性は実際にいなかった。ものすごくこちらを睨《にら》んでいる。

霊能者に見てもらったところ「悪い霊ではない。同窓会に行きたかった人の霊」と言われたそうだが、とてもそんなふうに見えない。素人目にも、めっちゃ悪い霊に見える。それくらい睨んでいて、大丈夫じゃない顔をしている。

後日、メガネを掛けた男性は、会社が倒産したうえに、バイク事故で体が動かなくなってし

秘蔵の心霊写真を披露

まったことが判明した。

最後は怪談作家の田辺青蛙さんに提供してもらった案件で、かつて大阪の堺にあったホテルSには、16体の座敷童がいたそうだ。現在、ホテルは廃業してアーユルヴェーダのお店になっている。取材を申し込んだところ、1回3万円のアーユルヴェーダを受けたら話してくれるとのことなので、施術を受けることにした。店内にはサイババの音楽が流れていた。

以下、オーナーの女性の話。

福島県にあるデパートのアイスクリーム屋から、1体の座敷童を連れ帰った。「このデパートはもう終わるから連れていって」と言われたそうだ。その座敷童の名前は太郎。それ以外は、人工的に座敷童をつくった。「どうやって?」と聞くと「念!」と一言。

イベントには常に全力投球

座敷童にはそれぞれ名前が付けられていて、各人の特徴も明記されている。実のところ童は15体で、もう1体は猫の童。この猫の名前は本人(本猫?)の希望で「金」だが、昔の名前は「モモ」と言ったそうだ。

この女性に呪物やチャーミーの話をしたら「あんた、本当にバカ!」と罵倒されたが、手放すつもりはない。

●15時15分

配信終了。ファンの方としばし語らう。イベント終了後は、呪物を提供してくれるという方と待ち合わせ。呪物について取材をする。

ざっとこんな感じである。

イベントでは動画や活字にできない、口外無用の話をすることも多い。「イベントならいいですよ」とか「オフラインならいいですよ」という提供者の方が、けっこういるからだ。笑いが中心のもの、ただただ怖さを追求した話など、イベントの趣旨によって内容は多岐にわたる。打ち合わせの仕方も実際の進行も、イベントごとに変わってくる。

僕はどんなイベントに臨むときでも、来てくれた方に何かを持ち帰ってもらえたらと思っている。それは、もちろん恐怖でもいいし、笑いでもいい。興味でも元気でも何でもいいと思っている。田中のパワーというか、何かを受け取ってほしい。

それで、イベントで一緒に過ごした2時間が、次の日からの活力になればいいと思うのだ。僕にも皆さんにも活力になったらええ。

怪談イベントに来たことがないという方は、ぜひ一度、足を運んでいただきたい。後悔させない自信がある。

生配信！ ある日の『トシが行く』

マイペースに動画をやらせてもらっている。今はYouTubeなどで自ら発信できるし、面白いネタや新しい呪物の情報を最速で伝えられるのがいい。自分がいいと感じたことは、すぐ誰かに教えたくなるものだ。特にYouTubeは自由度が高く、視聴者の方との距離も近いから、こちらも楽しい。一番利用させてもらっている配信サイトだ。

毎週火曜日はYouTubeで田中俊行チャンネル『トシが行く』の生配信をしている。開始時間はだいたい21時。スタートが遅れてしまうこともあるが、何とかやっている。

生配信では、近況報告と視聴者の方との会話がメインだ。家で1人でやっているから、あまり凝ったことができなくて申し訳ないのだが、ゆるく続けさせてもらっている。無理をして配信できなくなったら大変だから、ゆる〜くやるのだ。

今日は4月9日（火曜日）、21時32分からのスタートだ。21時に始めようと準備をしていたのだが、パソコンの設定に時間がかかってしまった。たくさんの方が見にきてくれている。うれしくてニヤけてしまう。いつも、話し相手はチャーミーくらいしかいないから、コメント返しは僕と視聴者の方の「おしゃべりの時間」だ。そう思っている。

皆さんも同じ気持ちだと信じて臨む。

先日、住倉カオスさんとお花見に行った。屋形船に乗って、隅田川から桜を見るという贅沢な遊びをしてしまった。そのときのガイドのおばちゃんがメチャメチャ面白かったので、その話を聴いてもらいたい。あとはコメントに答えていくかたちにしよう。基本NGはないので、なんでも答えていく。

田中俊行チャンネル『トシが行く』の配信風景

◎　こんばんは。失恋してこの生放送に逃げてきました。

トシ　失恋。いいですねぇ。よくないか。次の恋してください。恋は恋で忘れられます。

トシ　（おもむろにルクテープ人形を抱き寄せ）ほら、三つ編みもちゃんとして。これは（人形のお腹につけられている小瓶を見せ）妊婦の人のお母さんの体液と子供の体液と、２人の骨が入ってるんですよ。

◎　トシ、加工してる？

トシ　加工？　加工って何？

◎　美肌加工？

トシ　してないですよ。美肌っていわれるんですけど、生で見たらちゃんとオッサンの肌をしてるなってなりますよ。液体を塗ってるときはいいんですけど、たまに忘れてるときがあるんで、そのときに会うと粉を食らいますよ。化粧水を塗ってないときは、砂漠くらい干からびてるんで、近寄ったらウイルスが入ってきますよ。

◎　ヤバい服を着ても様になるのはなぜ？

トシ　今日の服は大日如来T。刺繍ですかね。

◎　花粉は大丈夫ですか？

トシ　花粉は大丈夫ですよ。腸が下品なほど強いんで。マジで強いんですよ。僕ら一族、何食っても大丈夫。おならもほぼしない。僕、ほんまに。不思議なんですけど、汗もかかないんですよね。花粉は腸なんですって。僕が言ってるだけなんですけどね。

◎ 加齢臭しなさそう。

トシ 僕、無臭なんですよ。本当に。どこも臭くないんですけど、右脇だけちょっとだけ臭いんですよね。でも、そこがチャームポイントなんですよね。右脇だけ、ほんのり。たぶんフェロモンなんですよね。

恋愛はコーンポタージュ

◎ こんばんは。最近、恋愛で悩んでいるので、気分転換に来ました。

トシ 恋愛のことは田中に任せてください。なんでも聞きますよ。だいたいね、恋愛なんてものはコーンポタージュのようなもんですから。皆さん、分かりますか。最初は熱いんですけど、最後は冷めるんですよ。

◎ 私も今、人間関係で悩んでるので励まして！ 人間って面倒くさい。

トシ 仕事とか大変だと思うんですけど、やっぱり一番は人間関係ですよ。会社とかで、人間関係が一番難しいと思いますよ。僕も。会社に就職したことないけど。ごめん。上から言ってごめんなさい。

◎　相手から本気でアタックしてきて、価値観が合っていて私も好意を抱いているので、前向きには考えてます。

トシ　あ、いいじゃないですか。価値観が合っているっていうのはいいですよね。容姿とかも好みがありますけど、やっぱ付き合うってなると価値観ね。「ラーメン食べたいな」ってなったときに相手も「ラーメンいいね」っていう関係が、一番いいなって思いますけどね。

◎　好きなものを否定してこない人っていいよね。

トシ　っていうか、好きな人の好きなものって好きやから。分かります？　皆さん。だから、自分が好きなもの否定してくるヤツなんかと、付き合わんほうがいいですよ。

トシ　あ！　もう1時間くらいやってるわ。

◎　友達の息子さんがフィリピンでマナナンガルを見た話をしてくれました！

トシ　お、それは、ぜひぜひ。送ってください。詳しい話を。

トシ　ああ。もう45分くらいで終了しますわ。みんなのコメント読んでたら、やめられんようになってくるねんな。

◎　もしアナベル人形を買えるとしたら、いくらまで出せますか？

トシ　５００万。でも、アメリカ入られへんからな。キューバに行ってもうてるんで。

◎　最近、遅刻しました？
トシ　最近、遅刻はしてないです。
◎　今日の恋愛&人生相談よかったです
トシ　いつでもやりまっせ。
トシ　一応、基本『トシが行く』は火曜が生配信。金曜は通常収録なんで。
トシ　ありがとうございました。皆さん。また明日もいろいろありますけど、頑張っていきましょう。ということで『トシが行く』のトシでした。ありがとうございました。

いつもこんな感じでやらせてもらっている。生配信だし、30分くらいを目安に始めるのだが、終わるのが惜しくてついつい長くなってしまう。この日も1時間15分くらい配信したかな。癒やされるとか楽しめたなど、コメントをもらうことも多い。照れくさいけど、とてもうれしい。
動画のほうにも、ぜひ遊びに来ていただきたい。生配信では素の田中を、収録動画やゲスト出演では少しおすましした田中を、楽しんでいただけたら幸いです。

キューバ帰りなのでチェ・ゲバラを意識

第4章　呪物の沼

きっかけは呪いの首飾り

はやせやすひろ

誰にでも人生の転機になった出来事があると思う。僕の場合は、それが呪物との出会いだった。怖い話は好きだったけど、呪物について特別な思い入れがあったわけではないし、最初の頃は知識もあまりなかった。

怪談をやっていると、恐怖に敏感なのだろうと思われがちだが、それは違う。僕はけっこうちゃんと怖がる。怖い話を聞いたときも「やだなぁ。怖いなぁ」と、いまだに思ってしまう。それでも怪異を追うのは、知りたいという欲求が恐怖を上回っているからだ。

これは、呪物という沼にハマったきっかけの話だ。

チーターの牙のネックレス

2017年に夫婦でミャンマーのバガンという街を訪れた。

チーターの牙のネックレス。顔の部分は苦悶する人間の表情らしい

アジアには心霊スポットや遺跡がたくさんあるから、ミャンマー、タイ、台湾、ラオス、フィリピン、韓国など、この辺りを中心に何度も訪れている。やはり、現地に行かないと分からないことが多いからだ。加えて、思わぬ収穫があるのも海外へ行く醍醐味の一つとなっている。ミャンマーでは遺跡を見てまわった。怪談だけではなく、遺跡や伝承にもすごく興味があるので、勉強を兼ねて定期的に遺跡巡りをしている。遺跡と怖い話は相性がいい。

オールドバガン（城壁で囲まれた考古学保護区）にあるホテルでのことだ。1階のフロント横に簡単な土産物屋のようなものがあった。民芸品を中心に置いてあるようだ。奥さんと買うでもなく眺めていると、「もっと、すごいものがあるよ」と店主らしき男性が声を掛けてきた。できる限りの英語と身振り手振りで話を聞くと、この男性は現地の山岳民族「チン族」に属しており、中でも呪術を行う家系の末裔だと称するではないか。えぇーっ、すごい！ 急にもっと話を聞きたくなった。

男性は大事そうにゴツいネックレスを出してきた。呪いの儀式に使うネックレスだと秘密を打ち明けるようにこっそり話してくる。人の顔だかお面だかが付いた長めのネックレスで、茶色の木と白い石のようなものを鎖として使っている。顔の部分が悪い顔をしていたから、呪いの類いのものだとすぐに理解できた。

男性によると、白い部分はチーターの牙、顔の部分は苦悶する人間の表情らしい。このネックレスは「チーターに噛まれて苦しんで死ね！」という呪いをかけるためのものだったのだ。一目見て、このネックレスが欲しくて欲しくてたまらなくなった。どうしても欲しい。なぜだか分からないけれど、僕は「これを手に入れたら何かが変わる」と確信したのだ。

しかし、男性は「これは売れないんだ」と言うばかり。じゃあ、なんで見せるのと思ったけど、そこは大人だから駆け引きだ。その前に涙を浮かべながら、どうしても欲しいと地団駄を踏んでみたが、男性は首を縦に振らなかった。自分でも理由が分からなかったけど、泣くほど欲しかったのだ。

「そうですよね。大切なものだということは分かりました。売れないですよね。でも、もし、もしもですよね、売るとしたらいくらなんですか？」

めちゃくちゃ低姿勢で聞いてみると「んー、30USドル（約3000円）なら」と意外にも安い。これならイケる！　買えるじゃん！　はやる気持ちを抑え、神妙な面持ちで「分かりました。なけなしのお金ですけど、どうしても欲しいので払います。お願いします。売ってください」と頭を下げまくった。

こうしてチーターの牙のネックレスは、僕のものになった。魅入られるということが本当にあるのなら、僕はこのネックレスに魅入られたのだろう。それが魔なのか、聖なのか分からないけど、欲しさが普通じゃなかったもの。

これが、僕が初めて手に入れた呪物だ。

「手に入ったら何かが変わる」

その確信は正しくて、僕はすっかり呪物の沼にハマってしまった。そして、集めてきた呪物たちのおかげで、仕事が展開し、世界が広がった。大げさではなく人生の軸ができたと感じている。こんなに分かりやすい転機が起こるのも珍しい。

こうして僕と呪物は「家族」になった。旅行や取材、地方公演にも呪物を連れて行く。景色を見せてあげたり、リラックスさせてあげたりしたいのだ。眠るときはもちろん、ちゃんとホテルのベッドに寝かせる。これまで怖がられてばかりだったろうから、僕が愛を教えてあげたいのだ。そんなつもりで接している。心から呪物がかわいい。愛おしいと思う気持ちがあふれてくるのだ。

呪物は、あまり人に好かれてこなかった自分と重なる。はやせのところに来たからには、絶対に幸せにしてやる。そう思って、今日も呪物たちと暮らしている。

さて、これから僕の大切な呪物たちを紹介していこう。

大切な相棒「猫ちゃん」

「猫ちゃん」は僕の最も親しい相棒だ。イベントや呪物展、テレビなど、呪物に関係する仕事のときは必ず出動してもらっている。クリッとした目に笑っているかのように開かれた口元。かわいらしい外見から、ステッカーやキーホルダーなどグッズ展開もされている。家にある呪物たちに優劣をつけるとか個々に特別な感情は一切ないけど、猫ちゃんが一番有名な呪物になるのかなぁと思う。

2021年6月ごろ、SNSに某フリマサイトのスクリーンショットが上がっていた。映っていたのは猫の置物。そこには「リアル特級呪物やめろ」というつぶやきが添えられていた。どうやら、出品者の商品説明が注目されてしまったらしい。そのほかにも猫の置物の出自や、どうして出品するに至ったかが書かれていた。

この猫の置物は海外の戦地にいた出品者の祖父が、祖母に買ってきたお土産だった。一見するとかわいらしい木彫りの置物だ。ところが、猫の置物を家に飾るようになってから、おかしなことが起こり始める。家族が「耳」を悪くするのだ。

祖母は耳が聞こえなくなり、姉は突発性難聴になった。いとこは不慮の事故に遭って、耳がちぎれるほどの大けがを負ってしまった。さらに、身内に自殺者まで出てしまったのだ。猫の置物は「不幸を教えてくれる幸福のアイテム」と思えなくもないが、ちょっと怖い。捨てるわけにもいかないので、誰か買ってくれないだろうか。

出品者はこう説明していた。

これを見た人たちが、びっくりしてSNSに上げた。そして、投稿を見た人たちが「家族がメチャメチャになってるじゃん」「これ、置物が来たから不幸になってんじゃね?」と拡散。思いっきりバズってしまったのだ。この盛り上がりに目をつけたあるユーチューバーが、猫の置物を購入。一晩一緒に過ごす様子を生配信したが、そのときは特に何も起こらなかった。しかし、その後、更新が途絶えてしまう。そして配信停止…。

なんと、その理由は耳の不調だった。ユーチューバーが道を歩いていたら急に耳から黄色い汁が垂れてきて、「えっ!?」と思ったら難聴になってしまったという。これはエグい。もう嫌だ。誰かにもらってほしい。ということで、猫の置物は別のユーチューバーの手に渡ることになった。

次に譲られたユーチューバーは、あえて猫の置物を抱っこしながら生配信を行った。そのときは「呪いなんてないですよ」と得意顔だったが、数日後、そのユーチューバーの子供が「耳が痛い」と大泣きしていた。慌てて耳を見てみると、猫の爪に引っかかれたような傷が無数についていたという。

「これは本当にダメなやつだ。でも、捨てるのも怖い」と思ったユーチューバーが、次の引き取り手として選んだのが僕だ。特に知り合いという間柄ではなかったが、もうどうしていいか分からなかったようで、僕に白羽の矢が立った。

興奮した。この猫の置物は、話題性も呪いの影響力も別格だ。すでに呪物を集めていた僕は、わくわくして仕方なかった。いよいよ猫の置物を受け取るというとき、その喜びは最高潮に達し、体がガタガタと震え出した。そして、猫ちゃんとまじまじと見つめ合った。

「何これ！　めちゃ、かわいいんやけど」

猫ちゃんを手に入れた2日後、おそらく22時くらいだったと思う。髪をドライヤーで乾かしていた奥さんが「うわあああー！」と悲鳴を上げながら、素っ裸で風呂場から出てきた。真っ青な顔をした奥さんは「ねぇ、私のこと呼んだでしょ？」と取り乱している。いや、僕は呼ん

話題性も呪いの影響力も別格の「猫ちゃん」

だ覚えがない。

「今、髪を乾かしていたら『おーい、おい。おーい、おーい』って、左の耳元で男が呼ぶ声が聞こえた。私の名前まで連呼してたから、びっくりしちゃって。あんた、また、おかしなものもらってきたでしょ？」

そう言われて、僕は初めてカバンから猫ちゃんを取り出した。奥さんを怖がらせてはいけないと、猫ちゃんのことは黙っていたのだ。

ある生放送の番組では「にゃーお」と鳴く猫ちゃんの声が確認されている。そのほか左右に揺れ出す姿も撮影された。やはり、ただの置物ではなさそうだ。それでも僕自身は猫ちゃんから何の被害も受けていない。耳も問題ない。

霊力のある人たちが猫ちゃんを見て、「はやせさんのことがすごく好きみたい」「はやせさんにだけは懐いている」と言ってくれることがある。うれしい。猫ちゃんは確かに呪物だったのかもしれない。それでも僕にとってはかわいい猫ちゃんで、愛おしい存在なのだ。今では本当に切り離せない大切な相棒となっている。

ダン・スミスの呪われた絵画

呪物たちには、愛情を込めて接している。僕の家に来たからには幸せにしてあげたい。そんな気持ちが届いているのか、今のところ呪物たちから呪われたことは、あまりない。そう「あまりない」のだ。つまるところ、ちょっとはあるという意味である。

海外のオークションで競り落とした「ダン・スミスの呪われた絵画」は、僕が所有する呪物の中でもかなり怖いほうに属する。そう言えば、この絵を最後まで競り合っていた相手は田中さんだった。お互いにそうとは知らず競っていたが、26万円という高値をつけた僕が手に入れることになったのだ。ごめんね！　あのときは誕生日が近かったから、自分へのプレゼントとして奮発したのだ。

この絵はアメリカの珍品コレクター、ダン・スミスさんがフリーマーケットで手に入れたものだ。ラガディ・アン人形と赤ちゃんが描かれている。そもそもラガディ・アン人形は魂が入りやすいといわれているし、隣の赤ちゃんも顔がまるで老婆のようで、なんだか不気味な絵ではある。

この絵を手に入れた夜、スミスさんの家には見たこともない虫が大量に発生した。翌朝には飼っていたハムスターが死んだ。死んだばかりなのに、口からウジ虫が湧き出しているという悲惨な状態だったそうだ。それからスミスさんは、毎晩、悪夢にうなされるようになった。

絵を入手してから、立て続けにおかしなことが起こっている。それに気づいたスミスさんは絵を倉庫にしまって、目の届かない場所に隔離することにした。それでも、家の給湯器やネット環境がすべて使用不能になるなど、おかしなことは起こり続けた。

そこで、絵を手元に置いておけないと判断したスミスさんが、オークションに出品したというわけだ。僕の手元に絵が届いたのは2022年3月20日ごろだったと思う。そこから絵はすぐに呪力を発揮した。まず、家の給湯器とトイレが壊れた。その後、僕の体調が悪くなり、食欲がまったくなくなった。食べると吐いてしまう状態が続き、あっという間に体重が10キロ近く落ちてしまったのだ。

どうもおかしい。考えてみると、体がおかしくなってきたのは、奇しくもスミスさんの絵を手にしたときからだったのだ。ちょっと怖いなと思った。そんなとき、力の強い能力者の情報を入手した。ちょうどいい。うまくいけば絵の呪いが祓《はら》えて、ネタになるかもしれない。僕はその能力者と会ってみることにした。

浅草の能力者に最凶の評価を下された「ダン・スミスの呪われた絵画」

浅草にいた本物の能力者

場所は東京の浅草。スミスさんの絵画はかなり大きいので、段ボールに入れて運ぶことにした。絵が入る薄い段ボールだが、そのままでは持ちづらい。持ち運びやすいように、段ボールの真ん中あたりに穴を開けて、そこに手を入れて持って行った。

予約時に伝えられた住所に向かうと、かなり大きい一軒家。インターホンを鳴らすと、大柄な男性が出てきた。髪型はオールバックで、着物を着ていて見るからにイカつい。

僕が「すみません。予約した者なんですが…」と言うや否や、「おぉい！　入るな。おまえ、足を引け！」と恫喝《どうかつ》され、矢継ぎ早に「おまえ、えらいもん持ってきたな。おまえが手を突っ込んでるその穴から、黒い煙が出てるわ」と言い出した。僕は予約をしただけで、どんな理由で何を持って行くかなど、詳細は何も伝えていない。この人、本物だ。

「おまえ、出て行け。俺の敷地に足入れるな」

「えっ、どうしてですか？」

「おまえ、しゃべるな。口から黒いもん出てるんじゃ」

「それはちょっと…」

「いろいろ行っとるし、いろいろ集めとんのぉ。人殺したんか、おまえ」

「そんな、そんな、殺してないですよ」

「口から黒いもんが出て、その箱の穴に吸い込まれてる。おまえ、生命力とられてるぞ。そんだけの量を吸われてたら、体の具合が悪かったり、精神的に病んだりしてないか」

そこで「実はその件で来ました。これ、絵なんですけど…」と切り出すと、能力者はものすごく嫌な顔をして「そんなものは興味ないけど、すごく悪いものだ。うちの敷地に絶対入れてくれるなよ」と、けんもほろろに言い放った。

この人は祓える能力があると聞いている。祓ってもらえないかお願いしてみると「物によるし、人による」と、取り付く島もない。玄関先でデカい段ボールを抱えた僕と仁王立ちした能力者は、しばし黙って見つめ合っていた。だって、どうしていいか分からなかったから…。

そして、能力者は「祓いはできるけれども、俺も万能じゃない。アホは何でも引き受けるけれども、俺はできるものはできるし、できないものはできない。おまえのはできない。そっから帰れ!」と言う。畳みかけるように「本当に良くなりたいなら、絵を捨てろ。手放せ!」と続けた。きっと外見は怖いけれど優しい人なのだろう。言葉は悪いけど助言してくれたようだ。

しかし、こちらも命がけで呪物を集めている。こちらもプロだ。僕は「いや、これは捨てられません」と断言した。

能力者は「なんで?」という顔をした。当然だろう。絵の呪いは、特段、僕にかけられたものではない。絵を手放せば、その呪力も一緒に離れていくはずだ。だが、僕が手に入れたからには、呪われた絵でもすでに家族なのだ。簡単に見捨てることはできない。これは決め事だから、呪われたぐらいで曲げたくないのだ。

だから、こちらも「なんとか命を奪われない方法とか、その黒いものだけを祓う方法はないですか?」と食い下がった。能力者があきれているのがよく分かった。

「おまえは目が悪くて見えないんだろうけど、その穴からとんでもない数の手が出てるんだよ。それも一体とかじゃないから祓えません。その絵に憑いてるものを祓えるやヤツなんて、そもそも日本に一人もいないよ。俺は祓えるヤツを何人も知ってるけど、絶対にいない。誰にも祓えない」

能力者は「帰れ、帰れ」と言いながらも、なんとかしてくれようと思っていたのか、懸命になって僕に絵の禍々《まがまが》しさを教えてくれた。それでも、絵を手放したくない僕は考えた。絵に憑いているものが祓えないなら、僕に憑いているものを祓うという戦法はどうだろうか。

「おまえもダメー。おまえ自体も真っ黒。生活スタイルを変えないといけない。例えば、どこかいろいろ行ってるだろ。それもやめろ。それに、こんなもの持ってるってことは、ほかにもいろいろ持ってるだろう。それも全部ダメ。やめろ」

お手上げじゃん。能力者は続けた。

「死ぬ。来た瞬間に分かった。絵も真っ黒、おまえも真っ黒で、もう死ぬっていうのが分かった。死ぬヤツをこの敷地に一歩も入れたくなかったんだよ」

げんなりしたように言うではないか。

「絵を捨てないとおまえは死ぬし、そもそもおまえは死ぬから。日本に祓えるヤツはいないから、どっちにせよ、おまえは死ぬ。だからあんまり話したくもない。今も話してる間、おまえの口から吸われてるから。だから死ぬから、さいなら」

最後に言った。

「あっ、戸。おまえが閉めろ。おまえが触ったところ黒くなってるし、俺は触りたくないから、おまえが閉めろ」

僕は呆然として「はい。分かりました」と言って、戸をピシャンと閉めるしかなかった。閉めた玄関の奥では、タタタタターと能力者が奥に消えていく足音がした。しばらく途方に暮れた。余命宣告された気分だ。本当に体調は悪いし、もう死ぬって言われるしで、怖くなって、次の日、相方の岸本さんに相談の電話を掛けてしまったくらいだ。恐怖を分散したかった。

そんなことがあったけど、僕は生きている。もちろん、これからも呪物を集め続けるつもりだ。そして、あのとき、なぜ祓おう思ったのか不思議なくらい、今はまったく祓ってほしいという気持ちにならない。例えば、心霊番組などでお祓いが行われることがあっても、その際には自分から席を外すくらいだ。それほど何も祓いたくないと思っている。

名家を呪う「覗くと死ぬ鏡」

「うちの家には代々、覗き込むと死ぬ鏡というものが伝わっています。手元に置いておきたくないので、はやせさんのほうで引き取ってもらえませんか」

村川さん（実名）という方から、そう依頼された。まずは話を聞こう。実物を見てみたいと思って、指定された村川さんの家まで向かった。江戸時代から続く名家だそうで、敷地は野球場ぐらい広い。とんでもないお屋敷だ。

村川家には、ある言い伝えがあった。

「鏡を覗くな。覗くと死ぬ。自分以外の何者かが映ってしまい、死ぬ」

依頼主である村川さんも、そう言い聞かせられて育ってきたが、いまいち意味が分からない。鏡を覗くなといっても、どの鏡のことだろう。日常生活で鏡を見てきたが、特に大丈夫じゃないか。いったい何のことだろうと思っていたそうだ。

ある日、広大な敷地にある古い蔵を整理することになった。祖父母が片付けていると、急に

村川家の言い伝え「鏡を覗くな。覗くと死ぬ。自分以外の何者かが映ってしまい、死ぬ」

祖父が中腰になり、何かを胸に抱えながら自室に入っていく。不思議に思った祖母が祖父を追いかけ「大丈夫?」と声を掛けると、祖父は「鏡を見てしまった」と言って真っ青になっていたという。

「鏡を見てしまった。自分の父親もその父親も、鏡に映った黒い何かを見て、死んでしまった。だから、『おまえは絶対に鏡を見るなよ』と言われてきたのに、今、蔵で鏡が転がってきて見てしまった。そこには自分以外の何か黒いものが映っていた。俺はもう死ぬかもしれない。ごめんなぁ、ごめんなぁ」

祖父は祖母にそう言うと、それきり部屋から一歩も出なくなってしまった。覗くと死ぬ鏡とは、すべての鏡を指しているのではなく、祖父が蔵で見てしまった鏡のことを意味していたのだ。自室に引きこもってから1週間後、突如として部屋を出た祖父は、そのまま外出して家に戻ってこなかった。その後、祖父は近所のゴルフ場の駐車場で見つかった。車の中でひっそりと亡くなっていたのだ。

やはり、鏡だ。鏡はダメなのだ。そう判断した村川家の面々は鏡を処分するため家中を捜したが、そう簡単には見つからない。

「きっと、祖父が処分したんだ。分からない場所に捨ててくれたんだ」

依頼主の村川さんは、そう思っていた。しばらくして、今度は村川さんと村川さんの父親で、蔵の整理の続きを始めた。そのとき、ゴロンと村川さんの前に何かが転がってきた。鏡面が光っていたため、すぐに鏡だと分かったそうだ。幸い自分の顔は映っていない。祖父を殺した鏡だと確信した村川さんは、即座にタオルで鏡を覆い、テープでぐるぐる巻きにした。鏡面が見えないように封印したのだ。

これは捨てても戻ってきているな。きっと、自分もいつか鏡を見て死ぬんだ。村川さんは落ち込んでしまったそうだ。それでも、いつものように何気なくYouTubeを見ていると、ある男が楽しそうに話していた。

「世界中の呪物を全部くれ。僕のところに集まれ」

そう、それが僕、はやせだったというわけだ。村川さんは言っていた。

「これだ！　と思いましたね。はやせさんに渡せば捨てることもないし、彼が毎日見てくれるから戻ってもこない。欲しがってるし、ウィンウィンじゃん」

そして、その日のうちに僕に連絡したそうだ。運命としか言いようがない流れ。鏡を譲り受けた僕は、生配信の番組で初めて鏡を覗き込んでみた。でも、ただ自分の顔が映っているだけ。銅でできたきれいな鏡で、特におかしなところはない。もちろん、黒いものも見えなかった。

番組MCの方の勧めもあり、今度は鏡面をカメラに向けることにした。つまり、視聴者が鏡を覗き込むかたちになる。皆さん、何も見えないようだった。

翌朝、村川さんから連絡が来た。

「はやせさん、番組を拝見しました。鏡が真っ黒に見えました」

村川さん本人と一緒に番組を見ていた父親には、鏡に映る黒い何かがはっきりと見えてしまったらしい。おそらく呪いの鏡は、村川さんの一族だけを呪っているのだ。

この鏡がどこでつくられ、どういう経緯で村川家に伝わるようになったのか、まったく記録が残っていない。村川家に呪いをかけるために、誰かから送られたものなのかもしれない。だから、自分たちにしか黒いものが見えないのではないだろうか。村川さんは、そんなふうに推測していた。

かわいがると歌う人形

「かわいがると歌う人形」はかなり美品だが、けっこうな大きさがある。僕は骨董品屋さんから譲り受けた。昭和の時代につくられた人形で、もともとは旧家の女当主であるおばあさんが、かわいがっていたものだ。とても強いおばあさんで、家の決定権も全部握っていた。いつも気丈に振る舞っている人で、家族は畏怖《いふ》を持って接していたそうだ。

人形の胴体を見てしまった人、見たくなる人は完全に魅入られてしまう

ある日、家族の一人が、おばあさんの部屋からボソボソと話し声が聞こえることに気づいた。

「あれ、誰か来てるのかな。おばあさん一人じゃないのかな」

不思議に思って、そっと襖を開けて確認してみると…。

「ねぇ、しゃべって、歌ってよ。ねぇ、歌って、歌ってよぉ」

部屋の中で、おばあさんが人形を抱いて座っている。そして、その人形に聞いたこともないような猫なで声で「歌ってよぉ」と話し掛けていたのだ。普段の強いおばあさんからすれば、あり得ない姿だった。

しばらくして、ひ孫を連れておばあさんの部屋を訪れた。ひ孫は「お人形かわいいね」とニコニコしていたが、突然「ギャッ」と短い悲鳴を上げた。見ると頬に引っかき傷ができているではないか。驚いてどうしたのか尋ねると「お人形が引っかいた。見えなかったの？」と泣きじゃくっている。

おばあさんの様子はおかしいし、ひ孫は変なことを言うし、この人形、本当に何かあるんじゃないか。そう感じた家族は、以降、おばあさんの部屋に寄り付かなくなった。そうこうしているうちにおばあさんは亡くなり、親戚一同がおばあさんの部屋に集まって思い出話をしていた。そういえばと、あのとき襖を開けた家族の一人が「おばあさん、人形に話し掛けたり、歌ってよぉってお願いしたり、惚《ほう》けてたんかなぁ」などと悪口を言い始めた。

すると「あっはっはっはっはー」と、おばあさんの部屋に何者かの笑い声が轟き、軍歌まで聞こえてきた。そのとき、おばあさんは惚けたんじゃない。本当にこの人形は歌うんだ。親戚一同はそう理解したそうだ。そして、怖くなって骨董品屋さんに人形を引き取ってもらったというわけだ。

僕が譲り受ける際、人形は布で顔まですっぽり覆われていた。骨董品屋さんが言うには、人形は本当に歌うらしい。目や鼻、口を見ると人形の声が聞こえてしまう人がいるから、それを防ぐために布で覆っているとのことだった。また、胴体のほうの布は絶対に解いてはならないと言われた。胴体を見てしまった人、見たくなる人は、完全に魅入られてしまうそうだ。

僕の家に人形を置くようになってからも、不思議なことは続いている。番組の収録で部屋に来た芸能事務所の社長は「この人形、僕に向かってウインクしたんだけど」と仰天していた。収録中もずっとこの人形に釘付けで、僕は社長が取り憑かれたのではと不安になったくらいだ。たくさんの人にご来場いただいた『祝祭の呪物展』でも、おかしなことが起こった。怪談師のうえまつそうさんが撮影した動画に、この人形がはっきりとまばたきしているシーンが収められているのだ。YouTubeでも見られるので、気になる人はぜひ確認してもらいたい。

僕は、この子に「談ちゃん」という名前をつけた。前髪を上げると、黒いヘアバンドのようなものが見える。これが故・立川談志師匠を彷彿《ほうふつ》とさせるからだ。談ちゃんは、いつも僕を見つめてくれている。これからもずっと一緒だよ。

頭蓋骨の盃「カパーラ」

カパーラは仏具で、用途は盃である。カパーラの材料は高僧の頭蓋骨だ。これはネパールの

ネパール産のカパーラはまるで美術品のような美しさ

高僧の頭蓋骨を粉末にして、樹脂などと混ぜ合わせてつくられている。瞑想《めいそう》する際は、カパーラに血をそそぎ飲み干す。そうすると材料になっている高僧と同じレベルで、深い瞑想をすることができるといわれているのだ。

全体がターコイズブルーで彩られ、口や目に当たる部分には鮮やかな赤が使われている。美術品と呼べる美しさで、自慢の逸品だ。YouTubeの視聴者の方から10万円で譲っていただいた。当然、己の血をそそいで飲んでみたが、僕には何も起こらなかった。煩悩《ぼんのう》だらけなのか、そもそも瞑想状態に至ることが難しかった。気が散って全然ダメ。代わりと言ってはなんだが、奥さんが悪夢にうなされてしまった。

見知らぬスーツ姿の男にグラスを持たされ、飲みたくもない赤ワインを無理やり飲まされたらしい。すごく不快で、飛び起きたそうだ。本当に申し訳ない。きっとカパーラの影響だと思う。僕と一緒にいるせいか、呪物に囲まれているせいか、奥さんのほうは不思議な体験をすることが多い。霊感は鍛えられるのだと感心してしまう。

歯が描かれている部分でパカッと開けることができて、あごが蓋、頭蓋骨全体が盃というかたちが正しい。カパーラを置いておく台座も豪華なつくりだ。

不眠不休で彫る「両面宿儺」

漫画や2ちゃんねるですっかり有名になった両面宿儺《りょうめんすくな》。実は、これも持っている。両面宿儺は人に悪影響を及ぼす呪物として認識されているようだが、本当は違う。

昔々、大和朝廷から地元を守った英雄。それが両面宿儺なのである。つまり人だ。顔が二つあるとか、踵《かかと》がなかったとか、異形の人物として伝えられているが、真実は分からない。宿儺が守った地元とは、今の岐阜県。岐阜県には両面宿儺を祀《まつ》った寺が現在も多く、信仰の対象とされている。

岐阜県のある場所に、不思議な力を持つ彫刻家集団がいるという情報を入手した。その集団は両面宿儺の座像を彫り、魂を入れることができるという。これは行かねばならない。さっそく岐阜まで向かったのだが、彫刻家集団がどこにいるのか、詳しい

不思議な力を持つ彫刻家集団から
買い上げた両面宿儺の座像

場所が分からない。住所などは教えてもらえなかったのだ。

こうなったら、しらみつぶしに目ぼしい場所を当たるしかない！　そう決意して訪れたとある彫刻家の家。横開きの扉をノックして玄関を開けると、そこには両面宿儺の座像が鎮座していた。

「えっ！　えーっ！」

1軒目って、すごい確率。いや、待てよ、ここがその彫刻家集団の家なのかまだ分からない。確認のために「あの、両面宿儺に魂を入れられる…」と言いかけると、その彫刻家は食い気味に「うちだよぉ」と即答した。衝撃！　いきなり見つけてしまった。しかし、両面宿儺の座像は売り物ではないという。しかし、1週間、不眠不休で丸太から彫るといわれる両面宿儺の座像だけに、どうしても欲しい。

「僕、なんぼでも出します。どうか売ってください。お願いします」

そう拝み倒した。すると、彫刻家は「分かった」と渋い顔でうなずく。なんぼでもとか言っちゃったけど、いくらだろう？　彫刻家は言った。

「8万8000円」

その内訳は、1週間にわたって不眠不休で彫るから、1日1万円で計7万円。180年続いているから10年×1000円で1万8000円を上乗せしているらしい。えーっ！　10年も働いてたった1000円なんて、とんでもなくブラックな職場じゃないですか!?

いろいろ驚くことはあったが、無事、両面宿儺の座像を手に入れることができた。漫画では指を捜しているみたいだけど、はやせは全身持ってます！

巡り巡る「妹の人形」

怪談師でもある芸人の島田秀平さんは、この「妹の人形」を抱っこした翌日、左半身が麻痺して動かなくなってしまった。その後も2回、この子を抱っこしてみたのだが、やはり2回とも左半身が動かなくなってしまう。そんな中、僕は今のところまったく平気で暮らしている。どうやら人によって影響が出るか出ないか、はっきりしているらしい。

この子は骨董品屋さんから譲り受けた。顔や全体の雰囲気がとても僕のタイプなので、この子の写真を携帯の待ち受けにして

指が8本も欠損している「妹の人形」

いるぐらいだ。すごくかわいいのに、いわく付き。ますます僕のタイプだ。

保存状態がいいので、実物を見た人からは「新しい人形か？」と聞かれるのだが、この子は戦時中のものだ。ある姉妹の妹がかわいがっていたところ、その妹は幼くして病気で亡くなってしまう。妹は人形が大好きだったので、あの世で一緒に遊べたら寂しくないのではと、家族は人形を棺《ひつぎ》に入れた。ところが、帰宅すると玄関に人形が座っているではないか。

「ああ、きっと、まだ一緒にいたいんだな」

そんなふうに思って、家族で人形をかわいがることにした。しかし、それからというもの、その家では一人、また一人と家族が死んでいく。そこで気がついた。妹の人形は「寂しいから一緒にいたいのではなく、寂しいから一緒に来て」と思っているのだと…。姉はすぐに人形を倉庫にしまった。そこからは人死が出なくなったそうだ。

時を経て姉は80歳になった。倉庫の整理をしようと久しぶりに中に入ると、妹の人形を見つけた。すっかり忘れていた昔のことを思い出し、もはや自分もいい年齢だから、死ぬとき一緒に連れていってやろうと思った。

姉は、妹の人形を数十年ぶりに倉庫から出して、自分の手元に置くことにした。すると、翌日から指や肩、腕が痛くて仕方ない。人形をよく見てみると、大事にしまっておいたはずなのに、なぜか指が8本も欠損している。きっと倉庫から出たくて、指で出口を突いていたせいだと思ったという。姉はもう自分の手に負えないと判断し、魂抜きをして人形をお焚《た》き上げしてもらうことにした。

翌日、宮司が人形を持って家に戻ってきた。

「魂が抜けません。魂抜きの儀式をしていると、この人形だけ頭から落ちてきます」

さすがに恐ろしくなって手放したものが、巡り巡って僕の手元にあるというわけだ。この子の名前は「チャカ」である。ゲゲゲの鬼太郎に「指鉄砲」という攻撃があり、この子は指がないのが特徴なので、そこから連想して鉄砲＝チャカ。ハイカラな名前がつけられて、我ながら満足している。

最愛の呪物との出会い

田中俊行

怪談が仕事になるなんて思いもよらなかったし、本物の呪物があるとも思っていなかった。呪物を収集するようになったのは、僕の性格が原因だ。要は、断れないのだ。

最初に手にした呪物は「チャーミー」なのだが、もともと彼女はライブを見にきてくれたお客さんから渡されたものだ。まつわる話を聞かされ「どうぞ」ともらった。そのときは、呪物に対して興味も知識もなかったので、「断れないなぁ」という感想しかなかった。

チャーミーを手にしてから、同じようにお客さんやファンの方から呪物をいただくことが増えた。ライブのときに手渡しされることもあれば、DMで連絡を取り合って送ってもらうこともあった。「呪われている」「怖いものだ」「おかしなことが起こる」と言われて渡されるのだが、実際にこの手で受け取ると、なぜか愛着が湧いてくる。これは父性なのかもしれない。

そうなってくると、呪物というものがいったいどんなものなのか、詳しく知りたくなってきた。そこからは時間の許す限り文献を読み、ネットを検索した。それこそ毎日、何時間も呪物のことばかり考えるようになったのだ。

僕がたどり着いたのは、呪物の背景にある文化だ。呪物を研究すると、その時代の意図や宗教、伝統、歴史など、これまでの流れがよく分かる。本当に興味深い。その文化的背景に魅了された。呪物というと髪が伸びるとか、動くとか、不幸になるとか、それくらいの知識しか持たなかったが、そんな単純な代物じゃない。それに気がついてからは、自発的に呪物を集めるようになってきた。

呪物を手にすることで、世界中の人間や歴史への興味がより深まる。知らない国や社会についても学べると思っている。僕にとって呪物とは、世界の本質を教えてくれるものなのだ。

売れっ子になった「チャーミー」

「チャーミー」はいつの頃からか、滋賀県の老人介護施設にいた人形だ。この人形をかわいがる利用者さんが続けて亡くなるので、気味悪がったスタッフが地下の倉庫に隠してしまった。それでも次の日には、おじいちゃん、おばあちゃんたちが再びチャーミーを連れ出し、かわいがってしまう。そのため5人以上が亡くなったそうだ。困り果てたスタッフの一人が、僕のところに持ち込んできてくれた。6~7年前、和歌山県でライブを行ったときのことである。

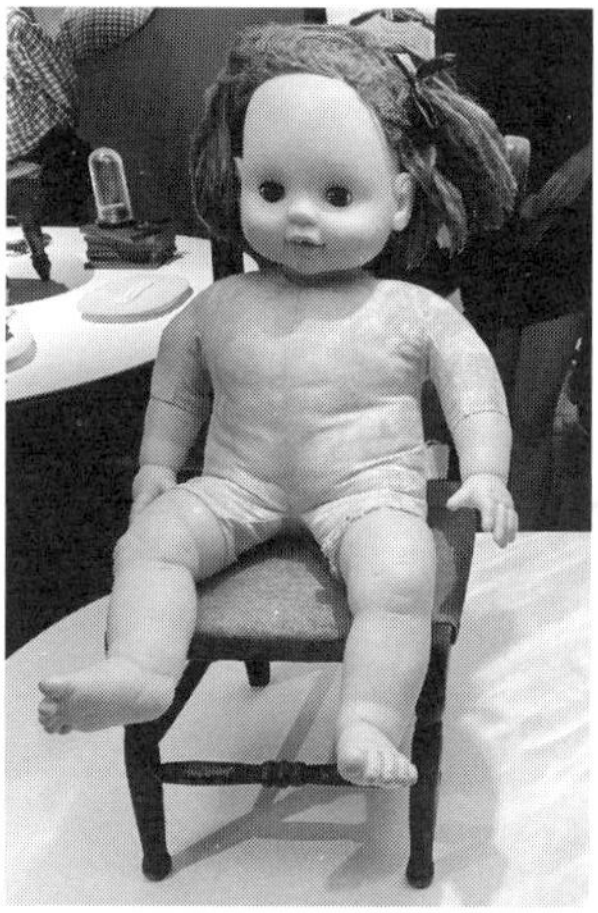
滋賀県の老人介護施設のスタッフが
持ち込んできてくれたチャーミー

僕は、あまり感じるほうではないが、チャーミーを見た瞬間に「ビジュアルが怖い」と思って、ぞっとしたことを覚えている。当時はひどく汚れていて、わずかに開いた口に生米が詰め込まれていた。取り除こうとホジったためか、チャーミーの口には傷がついていて、それがちょうど歯のように見える。

チャーミーを持ち帰った当日、家に着くと替えたばかりの電球が頻繁に点滅していた。それでも特に気にせずパソコンを立ち上げると、何も話していないのに勝手に「Siri」が起動した。なぜかメールソフトが起動せず、メールの確認ができない。このときは帰宅直後だったため、チャーミーは袋に入れたままだった。試しに袋から出してみると、電球は正常に点灯し、メールも普通に読めるようになったのだ。

霊感のある人がチャーミーに会うと感じるものがあるらしいが、見てもらった時期によって内容が違う。最初の頃は「小さい女の子の霊が入っているからリボンをしてあげて」とのことだった。次は「最初に亡くなった介護施設のおばあちゃんが入っている」と言われた。チャーミーには何体も入っているのだろうか。

チャーミーは僕が最初に手に入れた呪物なので、今では数百を所有する呪物の中でリーダーになってもらっている。僕と一緒に出かける機会も一番多く、自然と思い入れも強くなってしまった。

ある霊能者の方が言うには、チャーミーも同じように僕のことを慕っていて、悪い影響から守ってくれているらしい。そして、所有する呪物たちを統《す》べているとも言っていた。チャーミーがいるから、呪物と共存できているのだそうだ。涙が出るほどうれしい。

チャーミーは売れっ子だから仕事量が多い。いつも「お疲れさま。ありがとう」と、ねぎらいの言葉を掛けるようにしている。僕の大切なビジネスパートナーだ。最近、年季が入ってきたためか、髪の毛が自然にドレッドみたいになった。それもまたかわいい。

記憶から消える「抱き人形」

関西の骨董市に出ていた大正時代の抱き人形。本来、抱き人形は陶器でできているが、この抱き人形は布にプリントされただけで、中にはクズが詰まっている。懇意にしている骨董屋さんが見つけてくれた。その方によると、布製の抱き人形自体が価値のあるものなので、すぐに購入したそうだ。ところが、帰宅すると人形のことを忘れてしまう。購入したことはおろか存

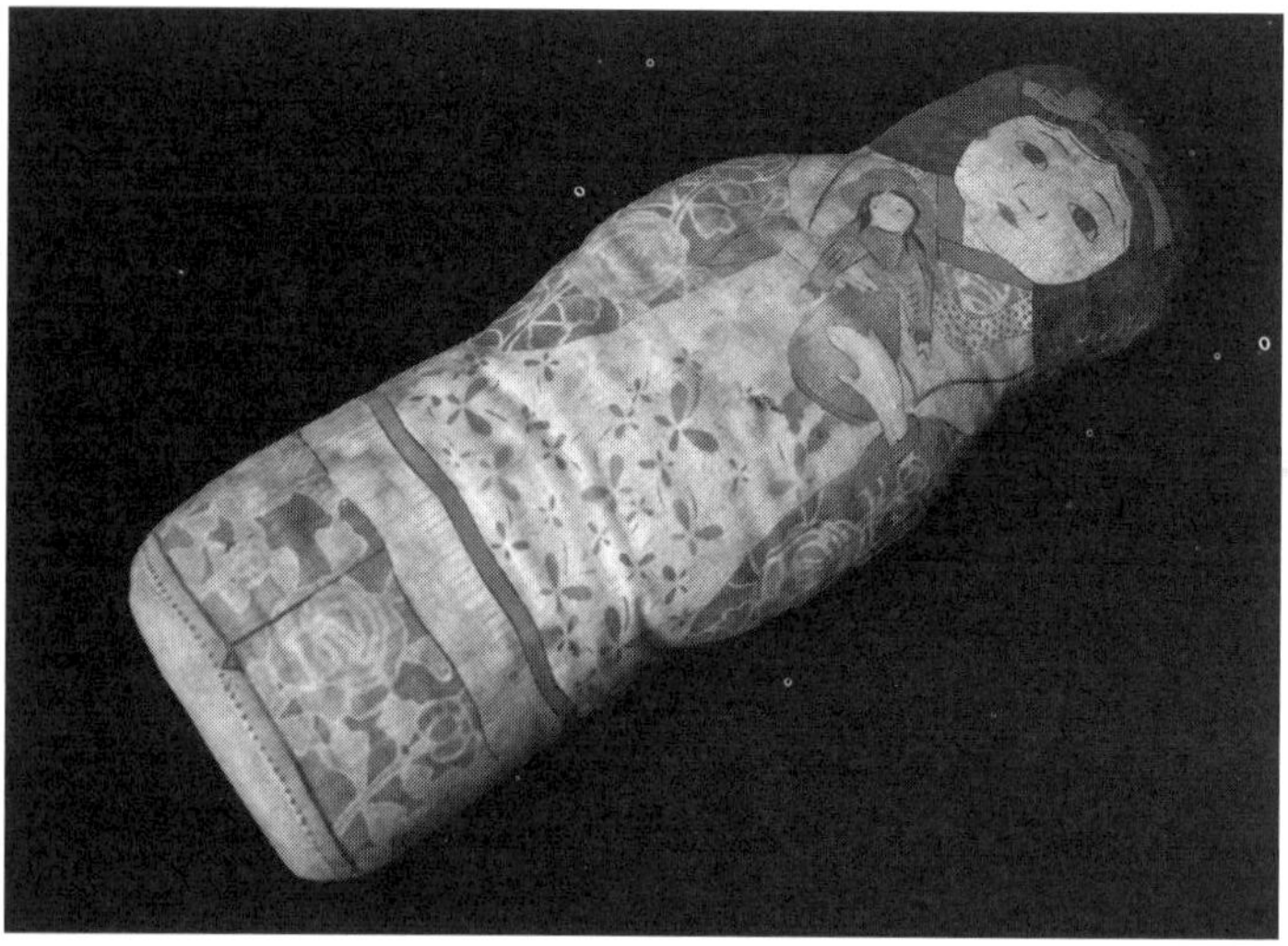

この人形を抱いていると悲しい気持ちになる

在すら記憶から抜け落ちているのだ。

しばらくして、また同じ骨董市に顔を出したら、抱き人形を仕入れた店の店主に「この前の人形、返して」と言われた。そのときに初めて人形のことを思い出したそうだ。店主が「新しいのが見つかったから、そっちにしとき。あれはややこしい人形やねん」と言うので理由を尋ねたところ、抱き人形は関西の人形供養の寺に持ち込まれたもので、そもそもは殺された少女の遺品だという。

祖母と楽しく暮らしていた気立てのいい少女が、ある日、変質者に連れ去られ、深泥池で無残な遺体となって発見された。そのとき、少女と共にいたのがこの抱き人形である。生前、少女はいつも抱き人形と一緒だったそうだ。

事件後、抱き人形は警察に押収されていたが、祖母が家の縁側に置いてあることに気づく。でも、警察は返却した覚えがない。どうやら勝手に戻ってきたらしい。いわく付きとなった人形だが、それでも祖母は少女の形見として持ち続けていた。

ある日、祖母は海岸で友達に無視されて、泣いている夢を見た。それは自分が子供の頃、現実にあったとても嫌な記憶だった。なんで今さらこんな夢を見るのだろう。そう思ったとき、抱き人形の「存在」を忘れていたことに気づいた。この人形が「自分を忘れないで」と言っているように感じたという。

そのタイミングで僕が人形を譲り受けた。骨董屋さんには「勝手に帰ってきたら許してな」と言われている。この人形を抱いていると、なぜか悲しい気持ちになる。いくつか動くといわれるものを持っているが、とりわけおとなしく、主張をしない人形である。

「呪われた和人形」の恐怖

僕が死にかけた原因が、この「呪われた和人形」である。

大分県のファンの方が送ってくれたもので、150年前からある蔵を解体したときに出てきたそうだ。この蔵には「鬼人がいるから近づくな」と言われて育ったという。依頼した解体業

ひいおじいちゃんが満州から持ち帰った「呪われた和人形」

者から「おかしなものがある」と呼び出された。妹さんと一緒に見に行くと竹かごを丸くカプセル状に合わせたものが、蔵の中央にある梁《はり》からロープで結ばれ垂れ下がっていたそうだ。その中には、人の毛でぐるぐる巻きにされた和人形が、逆さに吊るされていた。

僕は、この人形を手にしてすぐに、大阪、京都、北海道、高知、大阪と持ち歩いていた。すると、見る見るうちに体調が悪くなっていく。そして、ついには肺炎になって倒れてしまったのだ。病院に行くと即入院。その入院の際に見た夢が、また怖かった。

夜中、山の麓に1人で立っている。月明かりで山際がよく見えた。頂上を目がけて景色がズームアップしていくと、その過程で鳥居が見える。そして、鳥居の前には1人の女性が立っている。近づいてみると、まさにこの人形だったのだ。しかも、めちゃくちゃに怒った顔をしている。その瞬間、自分の叫び声で目が覚めた。

後日、この人形の由来が「何であるのか?」について、ファンの方が新たな情報を教えてくれた。もとより人形は、ひいおじいちゃんが満州から持ち帰ったもので、どうやら恋愛関係にあった現地の女性から渡されたものらしい。帰国以来、ひいおじいちゃんは連日連夜、悪夢にうなされるようになり、夢を食べるといわれている神獣の「貘《ばく》」を信仰し始めた。すると、悪夢は収まったという。

しかし、今度はその貘が夢に出てきて「封じよ。世に出すな。終封の際は、男児により神処に寄与せよ」と、繰り返し唱えるようになった。この人形はその獏の命に従って、封印されたものだったらしい。

現在、蔵は解体されて更地になっているそうだが、土の中からもう一つ、三蔵法師と思しき仏像が出てきたという。僕は蔵自体に「呪い《まじな》」が込められていた可能性が高いとみている。また、解体の記念に撮った写真には、斑点のある煙の塊のようなものが写っていた。悪夢を食らうといわれている獏は体の斑点模様が特徴だ。このことも追記しておきたい。

おばあさんのデスマスク

関西で歯科医の屋敷を取り壊す際に見つかった。解体作業中、仏壇の隠し扉から飛び出してきたものだ。この家の一番古いおばあさんのデスマスクと思われる。

処分に困った持ち主が古道具屋さんに預けてみると、すぐに買い手がついた。しかし、数日後に「目を合わせると語りかけてくる」という理由から、デスマスクは返品されてしまった。このデスマスクは目を閉じているのに、いったいどうして「目が合う」のだろうか。

過日、このデスマスクを大阪の呪物展で展示していたが、会場のスタッフの一人が「デスマスクの目が開いていた」と不思議がっていた。ひょっとすると感じる力の強い人には、目が開

おばあさんのデスマスクは目を閉じているのに、なぜか「目が合う」

いて見えるのかもしれない。写真だから大丈夫とは断言できないので、できる限り目を合わせないほうがいいだろう。

また、呪物展の会場には主催で怪談師のApsu Shusei（アプスー・シュウセイ）さんが、アイヌの方からもらった「イナウ」という祭具も展示してあった。イナウは神霊と人間の間を取り持つとされ、その効果なのか都合で会場に来られなかったアイヌの知り合いが、夢の中で会場に行く体験をしたという。

その知り合いは会場のレイアウトを教えてもいないのに、どこにどんな呪物が展示してあったのか、すべて当ててしまう。その中で「あの、カーブの先におばあさんがいる。すれ違ったんだ」と言った瞬間、ぞっとした。カーブの先にはデスマスクが展示してあったからだ。

やはり、霊的な力が宿っているのだろうか。

呪詛人形「クシ○ヤウ子」

どれだけの怨《うら》みが込められているのか。体中に釘が打たれた呪詛《じゅそ》人形だ。旧仮名遣いのカタカナと漢字で、呪う相手と思われる女性の名前が記されている。呪った本人がまだ生きていれば高齢だろう。あまりの禍々しさに、持ち主の僕でさえ目を背けたくなる。

この人形を発見した家族は、その存在を長いこと知らなかった。それまで住んでいた家を解体することになり、片付けているときに押し入れの天袋から出てきたという。呪われている女性の名前も聞いた

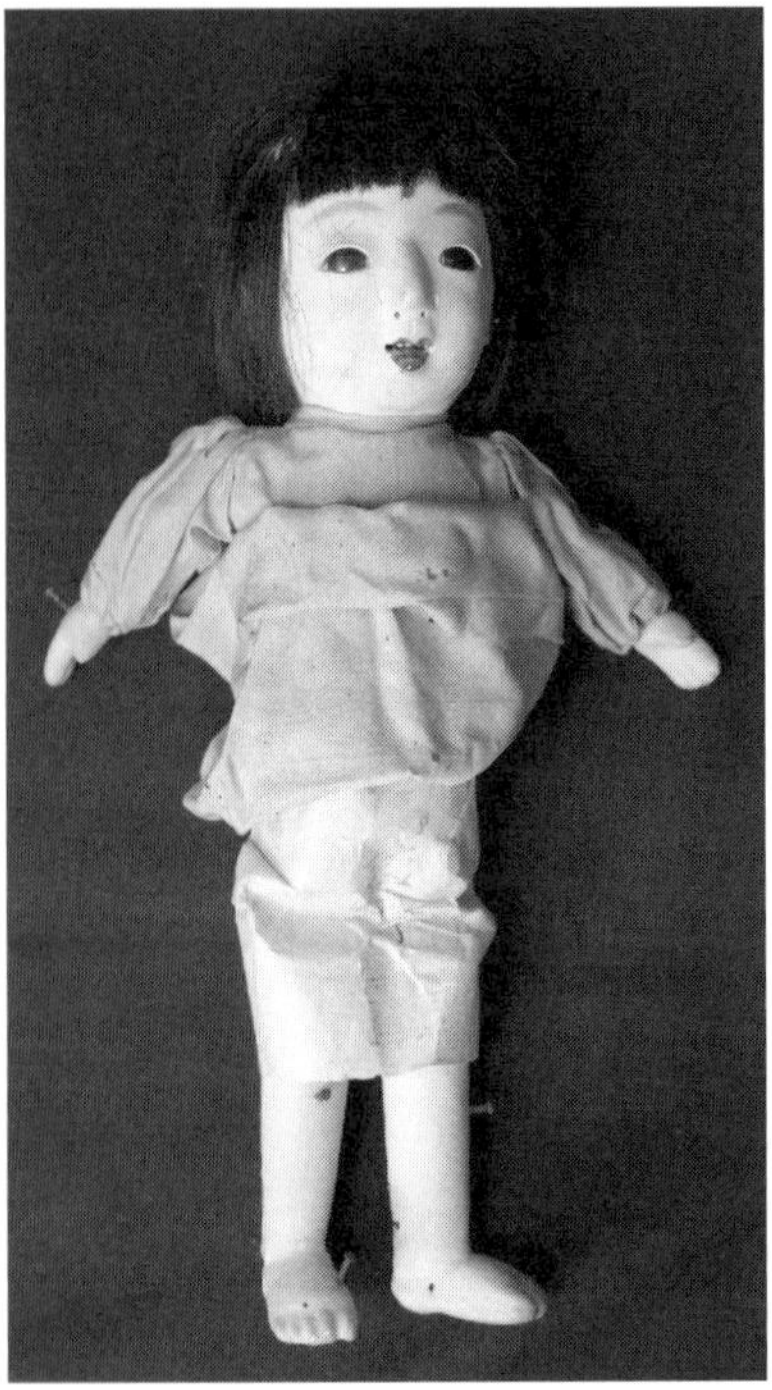
呪う相手と思われる女性の名前が記され、
体中に釘が打たれている

ことがないし、その一家とはまったくの無関係。家を購入したときからあったのか、住んでいる間に置かれたのか、それさえ分からないそうだ。

僕の知り合いの解体業者が預かったのだが、なぜだか彼は人形を片時も手放せないらしく、「かわいそうで、かわいそうで仕方がない」と嘆いていた。当初は僕に譲ってくれるという話だったが、「田中さんにあげるとメディアに出すからなぁ。かわいそうだから」と言って約束を反故《ほご》にされた。その後、1年ほど交渉を続けて、やっと僕の元に来た。

ただ、そのときも変な感じで、あれほど譲ることを渋っていたのに、ある日、突然「あれ、送ります」と豹変したのだ。僕が「どうしたんですか?」と聞いても「いや、なんとなく」としか答えてくれない。それまで取り憑かれているのかと思うほど、どこに行くにも一緒だったので、あっけなさがかえって不気味だった。

僕の部屋には多くの呪物があるけど、夜中トイレに行くとき一番視線を感じるのがこの人形である。家に来る友人たちも口をそろえて「ぞっとする」と震え上がっている。

使用済み! 特大の藁人形

ここまで大きな藁《わら》人形は見たことがない。つくりも非常に丁寧で、一見して素人の手による

藁人形の封印を解くと不気味な出来事が相次いだ

ものではないことが分かる。懇意にしている古道具屋の店主から、どうしても引き取ってほしいと懇願された代物だ。

京都の貴船神社は丑《うし》の刻参りで有名だが、かつて奥の院付近で神と自称する修験者が暮らしていたそうだ。その後、その修験者は亡くなり、店主が遺品をすべて譲り受けることになった。藁人形はその中の一つだという。

店主が引き取ったとき、藁人形は頑丈な木箱に封印されていた。箱の表には陰陽師の護符《ごふ》が貼られ、それには不動明王とドーマン（格子状の印）セーマン（星形の印）が描かれていたそうだ。中を確認するため木箱を開けると、店主は鼻血が噴き出したという。

「田中くん、今度いつ関西に来る？　一刻も早く引き取ってほしいものがあるんやけど」

そんな連絡をもらって僕が買い取ることになったが、この木箱を初めて開けたとき、ひどい頭痛がしたのを覚えている。

藁人形は、顔、首、心臓、腹に太い釘が打ち付けられている。そして、股には下から貫かれるかたちで釘が打ち込まれている。この藁人形はおそらく女性を呪ったものだ。強い怨みに加え「子供を産ませない」という呪いがかけられているのだろう。

一昨年のクリスマスにイベントを開いた際、この藁人形を現場に持って行った。観客の方にお見せしたいと長時間にわたり封印を解いていたら、その後、かなり不気味なことが起こって驚いた。

宿泊先のホテルで「カーン、カーン、カーン」と何かを打ち付けるような音が聞こえ続けたのだ。扉を開けて、誰もいなかったことは確認している。また、近所に住む老女と遭遇した際には「迎えに来たよぉ」と、意味あり気につぶやかれたりもした。

いずれも藁人形をイベントで公開した日、深夜に起きた出来事である。これらの怪異現象は、すべて藁人形のせいだと僕は確信している。感じる力はないのだが、特大だけに呪力が強いと思うし、何より使用済みというのが怖い。普段は木箱の蓋をしっかり閉めて、その上からテープを張って封印している。

チベットの臭い仏像

感じる力がないからか、一目置いてもらっているからなのか、僕自身が呪物から影響を受けることはほぼない。その代わり僕の部屋を訪れる友人たちは、いろいろな体験をしている。

このチベットの仏像は、三重県の骨董品屋さんから譲り受けた。亡くなった方の遺灰と、土や木をこねたものでできている。困ったことに仏像が来てから、僕の部屋でとんでもなく臭いにおいがすることがある。いや、部屋が臭くなるのではない。部屋の空間の一部分だけが、すごく臭くなるらしいのだ。

最初に「クサッ」と言ったのは怪談師のApsu Shusei（アプスー・シュウセイ）さん。僕の部屋に遊びに来ていたとき、突然、自分の顔の前だけ臭いと言い出した。においを例えるなら、ずっとお風呂に入っていない人の臭気を煮詰めたような感じ。しかも、その激臭は目の前の空間だけに漂っていて、部屋全体が臭いわけではないと言っていた。訳が分からんけど、なんとなく傷つく。

シュウセイさんは「クサッ、あっ、でも、もう臭くなくなった。今度はこっちが臭い」と、何もない部屋で空間をかぎながら「クサッ」「クサッ」と連呼していた。僕はまったく気にならなかったが、同じ現象がチビル松村くん、下駄華緒くんにも起こった。

異臭騒ぎが起き始めた時期と、仏像が部屋に届いた時期は一致している。この仏像はチベット原産だ。チベットには「五体投地」という礼拝の仕方がある。両手、両膝、額を地面に擦《こす》りつけながら、仏への帰依《きえ》を示すのだ。

魂が「におい」となって移動してきた!?

五体投地で巡礼をする人たちは、その間、もちろん入浴はしない。地面に這いつくばりながら少しずつ前に進む。過酷な修行なため、命を落とす人も少なくない。そして、もし命が尽きたとしても、魂は「におい」となって移動するといわれている。

　この仏像の中にある遺灰は、まさに五体投地をしていた人のものではないだろうか。においになってまでチベットから田中の元にやって来たと思うと、非常に感慨深い。

ただ、残念なことに僕は慢性鼻炎なので、その臭さを体感したことはない。

養蚕神「オシラサマ」

「オシラサマ（おしら様）」には多くの伝承があり、いにしえのロマンにあふれている。僕も特に好きな神仏だ。ただ、これだけは少ししか見せられない。神様なので貴重であることはもちろんだが、何より祟《たた》りが怖い。それほど本気のものだ。

オシラサマとは東北地方を中心に信仰されてきた「養蚕《ようさん》の神」で、家や農業、馬を守るといわれている。桑の木でつくった本体に衣を重ねて着せたものが一般的で、2体1対で祀られることが多い。僕は合計6体3対のオシラサマを所有している。

その中の1対は、東北のある人が僕のためだけにつくってくれた。今、オシラサマを新規でつくれるのは、この人しかいない。もちろん、公表はできないが…。あとの2対は岩手県の家から譲り受けた。

東北のあるお寺の館長が、すべてのオシラサマに魂を入れてくれている。魂は神か仏か選べたのだが、僕は神様を入れてもらった。

新規でつくっていただいた貴重なオシラサマ

オシラサマを祀るからには、僕の代で終わらせるわけにはいかない。怠れば、たちまち祟られる。僕の血が続く限り、必ず祀り続ける覚悟を持ってオシラサマを入手した。毎日、丁寧に祀らせてもらっている。

第5章　海外取材は命がけ

深遠なる知識を体得する旅

はやせやすひろ

山で育ったせいか、濃い緑や風に舞う土の匂いに惹かれる。自然が深いところに行くと心が落ち着くのだ。僕たち夫婦が東南アジアに好んで取材に行くのは、そういった観点を満たしてくれるからでもある。

もちろん、好きな呪物もたくさんあるし、現地の伝承や妖怪の話も聞くことができる。食べ物もおいしい。飛行機に乗る時間も短い。バランス的にいいのかな。これと決めたら一つに絞るところがあるから、取材で海外に行くときは、つい東南アジアを優先して選んでしまう。これまで何度も足を運び、たくさんの収穫があった。

中でも、ミャンマーのある島に行けたことは、とてもうれしい偶然だった。深遠なる知識を体得したと言えばいいだろうか。本当に貴重な経験をさせていただいた。なにせ、その島に外国人が入ったのは実に数十年ぶり、しかも、それが僕だったのだから。

ミャンマー編　幻の悪魔信仰を探して

「ミャンマーに、悪魔を信仰しているところがあるんだって。かなり前に聞いた話だけど、長いこと変化のない国だから、きっとまだいるはずだよ」

知人からそんな話を聞いた。ものすごく興味が湧いた。アジアにおいての悪魔信仰については、かねてから詳しく調べてみたいと思っていたからだ。いつも東南アジアばかりで申し訳ないが、すぐに奥さんとミャンマーに行くことにした。

詳しい地域も信仰している人たちの名前も分からない。知っているのは「女性の悪魔を信仰しているところがある」という事実。それだけを頼りにミャンマーの地に降り立った。僕はわりと直情的で、行きたいと思ったらすぐ行動してしまうのだ。

とはいえ、あてなどない。まずは有名寺院に行ってみようと「シュエモードー・パゴダ」に向かった。かなり大きいお寺だ。女性の悪魔と聞いていたので、奥さんが「デビル・シー知らないですか？」「デビル・シー」「デビル・シー」と、手当たり次第に聞いていく。強い。絶対にデビル・シーじゃないと思うし、みんな、ちょっと驚いている。僕は、奥さんのこういうところがたまらなく好きだ。勇猛果敢で素敵なのだ。

するとｰ「OK、OK」と一人の優しげなミャンマー人女性が、奥さんをどこかへと誘う。僕たちは「えっ！　悪魔を知ってるの？」と色めき立ち、その女性についていった。たどり着いた場所は、なんとトイレ。そう、デビル・シーが外国の人には「WC」にしか聞こえなかったのだ。まるで漫談のようなオチに、僕たちは苦笑いするしかなかった。そして、奥さんは特に行きたくもないトイレで、ついでに用を足していた。

　トイレを済まし、逃げるように乗り込んだタクシーで、僕たちは運命の出会いを果たすことになる。そもそも、ミャンマーで悪魔はデビルと言わないのではないだろうか。ひょっとしてオーガ（鬼）じゃないか。そのことに気づいた僕たちは、ダメ元と思いながらタクシーの運転手さんに「オーガ、オーガ」と言ってみた。ありったけの英語力と携帯の翻訳機能を駆使して、「オーガを信仰している人たちを知りませんか？」と聞きまくったのだ。

　最初、運転手さんは迷惑そうに「知らない。NO、NO」と相手にしてくれなかったが、こちらは一縷《いちる》の望みにかけるしかない。簡単には引き下がれない。なんてったって、あてがまったくないのだ。しつこく「オーガ、オーガ」と聞き続けた。

　すると、運転手さんは根負けしたのか「OK、OK」と言って僕の携帯を奪うと、翻訳機能に向かって何かを話し、再度、僕に渡してきた。訳してみると「今から連れていってやる」だって。すごい展開！

ミャンマーでオーガ信仰のパゴダを取材

そこから目的地までの間に、運転手さんはいろいろな話をしてくれた。かつて彼は大きなホテルのオーナーだったという。でも、他国の人たちがそのホテルを乗っ取り、自分はオーナーの座から引きずり降ろされてしまった。それで、こうしてタクシーの運転手をしている。その人たちのことをすごく恨んでいる。ホテルをやっていたから、さまざまな国や土地の人のことをよく知っている。だから、隠れてオーガを信仰している人たちのことも知っているし、どこにいるのかも分かる。そんなに言うなら、連れていってやるということだった。

ミャンマー編　オーガがいる島

タクシーを拾ったのはバゴーという街で、しばらく走ると特徴的な橋が見えてきた。

「この橋を渡ると、島に着く。その島にオーガがいるのさ」

運転手さんはやけに神妙な面持ちになった。こちらも緊張する。島には大きなお寺があって、お釈迦様が数日でつくり上げたという伝説が残っている。

運転手さんは「ここじゃない。こっちだ」と言って、お寺の端にある掘っ立て小屋の中に入っていく。そこにはカラフルな石像が、入り口に背中を向けて建っていた。石像の正面に回ってみると、その顔は紛れもなく鬼。これが隠れて信仰されているオーガだという。

あまりの鮮やかさに言葉も出なかった。顔は恐ろしい鬼だけれど、身にまとった衣の色合いが本当に美しい。確かに、これはアジアの悪魔だ。日本では見たことがない極彩色で、きれいと怖いが共存している。思わず目が釘付けになった。

「ここから、ついて来られるかい？」と運転手さんは不敵に笑う。「手すりも何もないけど、パゴダの上まで登るんだ。行こう！」ということらしい。見上げると、ものすごく高い。マンションの6階くらいの高さはありそうだ。それを手と足だけを頼りに登るという。命綱も落下防止の網も何もない。

思わずひるんだ。腰が引けた。それでも、僕は迷わず「行く」と答えたのだ。熱に浮かされるとは、ああいう状態のときのことを言うのだろう。頂上に何があるのか？　行きたい。見たい。そのことしか考えられなかった。心配そうに僕を見つめる奥さんの目も、この瞬間は後ろめたく感じなかった。落

決死の覚悟でパゴダを登る

ちて死んだらごめんね。それだけは念のために伝えておいた。

「地上から見上げて頭を下げると、鬼を信仰していることがバレてしまう。だから、あるところに鬼を隠しているんだ」

運転手さんはそう言って、パゴダの頂上の裏側を案内してくれた。そこには、ひっそりと鬼のレリーフが刻まれていた。

「本当に鬼を信仰している人たちは、ここまで登って頭を下げるんだよ」

運転手さんは満足そうに、長い時間をかけて鬼に祈りを捧げた。もちろん、僕も頭を下げた。ここでの鬼とは、仏教以外のほかの宗教のことを指しているそうだ。

ミャンマーでは古来より、自然や精霊を崇《あが》める「ナッ信仰」が息づいている。仏教伝来後、古い宗教は邪教とみなされ迫害された。それで、隠れて信仰するしかなくなったのだ。それが「ミャンマーで悪魔を信仰しているところがある」という話の真実らしい。だから今でもミャンマーでは、悪魔を信仰している人がたくさんいることになる。

その島は不思議なところだった。特別な観光地もない小さな島なので、外国人は誰も行かない。外国人はおろか人があまりいなかった。その小さな島にあるのは、パゴダと数軒の家のようなものだけ。ほかには何もない。本当に不思議な島だった。今はもう島への行き方も、はっきり思い出せない。

今後また数十年、外国人が島へ入ることはないだろう。きっと何かに呼ばれた者だけが、たどり着ける島なんだ。そう思う。僕はすごく貴重な体験をさせてもらった。

ミャンマー編 禁足地で銃殺寸前

ミャンマーではもう1カ所、すごいところに行っている。こちらは外国人が「入ってはいけない場所」だ。入っていいのはミャンマー国籍を持つ者だけ。それ以外の人は足を踏み入れることができない。

ヤンゴンの中心部にある「シュエダゴン・パゴダ」は、ミャンマーでも一番と言っていいくらい有名な寺院だ。ミャンマーに生まれた人たちは、みんな一度はお参りに行くといわれている。そのパゴダの一部に、外国人が入れないものすごく神聖な場所がある。でも、そんなことを知れば何が何でも入りたくなる。そう思うのは僕だけじゃないはずだ。

僕は無謀にも中国系ミャンマー人を装い、その神聖な場所に向かった。入り口には銃で武装した警備の人たちがいる。奥さんには「もし、僕が銃殺されても、大きな声を上げるなよ。仲間だと思われて投獄されるかもしれない。知らんぷりしてろよ」と、そんな大仰なセリフを吐いて前に進んだ。

東南アジアは呪物の宝庫

もし、日本人だとバレたら攻撃されても仕方がない。それくらいの覚悟を持って突破を図ったのだが、いかんせん、中国系ミャンマー人がどんな感じなのか、実のところよく分かっていない。警備の人に囲まれると苦し紛れに、つい「シェイシェイ」とか「サイツェン」と言ってしまった。なんとか、それっぽく振る舞おうと思ったのだ。

するど、背中にチョンと何かが当たった。ん？　指でもないし、棒でもない。なんとなく冷たくて重たいものだと、背中全体が告げている。銃だな。

そこからは早かった。まったくの無意識で地面に膝をつき、両手を高々と上げた。同時に、涙も鼻水も出てきた。そし

ミャンマーで取材中のはやせやすひろ

て、恥ずかしいことに小便まで全部出た。ここまで一瞬の出来事だ。殺されると思った。本物の銃を見たことがなかったけど、突きつけられると、すぐに反応するんですね。人間ってすごい。

ついさっき、奥さんに「大きな声を上げるなよ」なんて注意したばかりなのに、自分が「助けてくれ～」と大声を出してしまった。一緒にいた語学が堪能な日本人男性が、機転を利かせて「この人は頭の病気だから許してほしい」と謝ってくれたおかげで、どうにか事なきを得た。本当に危ないところだった。

でも、このままじゃ帰れない。何かを持ち帰りたい。そんな思いが強くて「中に入らないから、銃を貸してくれないか」と言ってみた。何かが欲しかったのだ。そうしたら、今度は正面から胸に銃を突きつけられた。すると、どうだろう。さっきと同じように膝から崩れ落ち、全部出たはずの小便を再度漏らしてしまったのだ。今でもあれはオシッコではなく、心底、人間が助けを求めるときに出る未知の体液だと思っている。

そんな具合に、ミャンマーでは貴重な体験をさせてもらった。

帰国後に奥さんから、後頭部の一部分がすっかり白髪になっていることを指摘された。銃を突きつけられた際のストレスに違いない。過度のストレスは後頭部に出るのだ。でも、必ずまたミャンマーに行く。

タイ編　呪物を受け継ぐということ

XのDMに「タイの○○の朝市ではバザーをやっています。たくさん奇妙なものがあるので、行ってみたら面白いですよ」と、そんなメッセージが送られてきた。呪物大国といわれるタイには、買い付けや不思議なスポットを巡るため、定期的に訪れるようにしている。メッセージをもらったときは、ちょうど取材で現地にいたので、これ幸いと翌日さっそく出かけることにした。

朝市ではどんな掘り出し物があるかと期待していたのだが、そこにはよくあるお守りくらいしか置いてなかった。あとはお茶とか…。早く来すぎちゃったのかなぁ。そう思いながらぶらぶら探索していると、気になる一角があった。

不自然に空いている。とてもいい場所なのに、お店が出ていない。「ははぁん。これは、いい店が出るな」と直感でそう分かった。だって、そこだけポッカリと空きすぎている。きっと昔から朝市にいる長老みたいな人が、満を持して出店するに違いない。そう判断した僕は、しばらく待つことにした。

1～2時間ほど経過してその場所に戻ってみると、僕が予想した通りお店が開かれていた。しかし、売っているのはありきたりな土産物。なんだか拍子抜けして品物を見たり、行ったり来たりしていると、店主が「何人だ？」と話し掛けてきた。僕が「日本人です」と答えると、いきなり「おまえか！」と大声を張り上げた。

「実は昨日、夢を見た。俺が所有している〝あるもの〟を受け取りに、見知らぬ日本人がやって来る。だから、それを用意してお店を出すんだよ。そんなお告げを受けたんだ。そうか、おまえだったのか」

そう言って仏像のようなものを見せてきた。クマントーンだ。これはタイの有名な呪物で、赤ちゃんの遺灰でつくられ、持ち主に富や幸せをもたらすといわれている。僕が見せられたものは「ファースト・クマントーン」で、店主いわく、特に有名な僧侶の脳や心臓に近いところの肉を混ぜてつくられ、赤ちゃんは使われていないという。

「それを今日、おまえに託す。いいか？」

ファースト・クマントーンを持つ店主の両腕には、びっしりと鳥肌が立っていた。

「俺のクマントーンを受け継ぐのが、まさか日本人とはね」

微笑みをこぼす店主に、僕は「受け継ぎます」とはっきり答えた。店主は満足げにうなずくと「これから儀式を行う」と宣言した。

クマントーンを譲り受ける際に、儀式があるなんて知らなかった。ファースト・クマントーンだけに、普通のクマントーンとは違うのだろうか。店主はファースト・クマントーンに息を吹きかけ、何かしら呪文のようなものを唱えると、僕にも息を吹きかけるように促した。僕が「ふっ」と息を吹きかけると「よし。これはおまえのものだ。大事にしてくれよ」と言って、にっこり笑った。

これが2023年2月のことだ。不思議な巡り合わせもあるもので、こういったことが偶然起こるから、取材旅行はやめられない。現在、ファースト・クマントーンは僕の家でゆったりと過ごしている。お供え物はカルピスにした。カルピスという商品名の由来は仏教用語だから、なんとなく好きかなぁと思っている。

台湾編「錦新大楼」殴打事件

台湾には心霊スポットがたくさんある。そこを舞台にしたホラー映画もつくられるようになり、世界的にも人気があるようだ。中でも特にヤバいといわれているのが、「錦新大楼」というマンション。たくさんの人が死んでるし、やたらと霊が出るといわれている。

ネットで調べると、ほかにも有名な心霊スポットがあるようだが、台湾で地元の人に話を聞くと、最も行くべき場所は錦新大楼なのだそうだ。そんなわけで僕は取材に向かったのだが、いろんな意味でメチャクチャ恐ろしい目に遭った。その話も書いておきたい。

錦新大楼は現在も普通に人が住んでいるマンションで、廃屋ではない。かつて大規模な火災があり、多くの人が亡くなっている。その後、なぜか恋人同士が愛を確かめ合う場所になっていった。なんでも人がたくさん死んでいる場所だから、ここの屋上から飛び降りて、もし生きていたら自分たちは付き合う運命だという理屈らしい。まったく意味が分からない。実際に愛を証明するため、屋上から飛び降りたカップルや男性が数組いると聞いた。

ここには1人で取材に行った。そもそもエレベーターからして怖いらしい。霊の仕業か、急にどこかの階で止まってしまう怪異現象が、たびたび起こるという。僕は意を決してエレベー

老朽化が進む台湾の恐怖スポット「錦新大楼」

勝手に止まることで有名な「錦新大楼」のエレベーター

ターに乗り込んだが、普通に屋上まで行けた。しかし、屋上から下の階に続く階段には、煙に巻かれて亡くなった人の霊が出るといわれている。

ちょうど階段に向かって降りようとしたときだった。廊下から住人と思しき男性が現れ、こちらを見て何か怒鳴っている。翻訳機能を使わずとも、猛烈に怒っているのが分かった。まずいと思って、とっさに理解できないふりをしたら、分かりやすいように「キル（殺す）」と言いながら向かってきた。そして、ものすごい力で胸元をつかまれ、ぶんぶんと引きずり回されてしまったのだ。

完全に僕が悪いとはいえ、ひどい仕打ちだと思ったが、ケンカとかできないので無抵抗中の無抵抗。そうしたら頭をゴツンゴツンと殴られた。結局、僕は「出て行け！」と男性に一喝され、猛スピードで錦新大楼を後にした。と見せかけて、すぐさま屋上に戻って取材を続けたのだが…。それにしても、メチャメチャ怖かった。こんな危ない場所には二度と行きたくない。

アジアを中心に取材には何度も行っている。それでも、まだまだ足りない。行きたいところも、この目で見たいものも多すぎる。次はここに行こう。これを見よう。想像すると居ても立ってもいられなくなる。僕の頭と心は常に未知のものを追ってしまうのだ。本当に世界が広くてよかった。

怪異に魅入られた者の使命

田中俊行

すべてが許されるなら、今すぐキューバに住みたい。カリブ海の風は肌に心地よく、石造りの街並みは脳をリラックスさせる。何よりみんなの笑顔がいい。生活を感じさせない明るさがある。おいしいごはんを食べた後、葉巻を吸いながらぼんやりするのは、まさに至福の時間だ。2週間ほどの滞在だったが、特に得るものが多い国だった。

キューバに行ったのは、ある信仰に興味を持ったからだ。それだけで、あとのことは深く考えずにキューバ行きを決めてしまった。

とはいえ、海外行きはいつも突然決める。スケジュールがまとまって空いたら、できるだけいろいろな国に行くようにしているのだ。近場のアジアなどは、航空券が取れたらすぐに行ってしまうことも多い。気がつくと「ここではないどこか」のことを考えているのは、僕だけではないだろう。

キューバ編　とある信仰

キューバのときは、ある方にアテンドをお願いした。言葉の問題があると、自分一人では準備もできない。最近は英語の大切さを実感していて、本気で英会話教室に通うことを検討している。めったに出ない田中の向上心が、むくむくと顔を出してきたのだ。それくらい海外取材は重要だと感じている。

東京から片道30時間。スペイン経由でキューバのハバナに着いた。さすがに疲れた。取材を始めてもいないのに、すでに着いたときにはボロボロだったのを覚えている。

興味を持った信仰というのは、かつての黒人奴隷たちがよりどころにしていたアフロ信仰の一つ。その中の○○○という流派に、僕は入信することにした。黒人奴隷の宗教として有名なブードゥー教も、もともとはカリブ海地域で発展したものだ。

僕が入信を考えている流派は、アフロ信仰の中でも呪術色が強いといわれている。そのため、カリブ海周辺の人々やアフロ信仰の信者たちからも、怖がられている感じがした。キリスト教や他の宗教とは交わらず、今でも原始的なかたちを守っている。入信するためには儀式を経る必要があり、それを受けることがキューバまで来た目的の一つだ。

すっかり魅了されてキューバの人になった気分

100年くらい前のクラシックカーが現役で走っている道。サルサを踊るカップル。本当にハバナは絵になる。映画のような世界にどんどん引き込まれた。正直、すっかりかぶれてしまった僕は、「チェ・チーノ（おい、中国人）」と呼び掛けてくる人たちに笑顔を振りまきながら、自分もキューバの人になった気分で過ごしていた。

そして、いよいよ儀式当日を迎えたが、詳しい内容などはここで書けない。しかし、日本からほぼ反対側にある異国の地で、未知なるカルチャーを体験したことは、僕の中で何かが大きく変わる契機となった。それだけは確かだ。

儀式はある家で行ったのだが、始まると周りの空気があからさまに一変した。家の周辺の木が突然ざわざわと音を立てて揺れ出したにもかかわらず、家の中の空間はこれまで体験したことがないような静寂に包まれている。普段は感じる力がまったくない僕でも、あのときは完全に何かを感じてしまった。

儀式は無事に終了。自分の中で確かに何かが変わった気がした。端的に言えば「信じた」である。目に見えないものの存在を「これだっ！」と、はっきり感じてしまった。すごかったとしか言いようがない。

儀式が終わって少しだけオフの日もあったので、現地の人にヘミングウェイゆかりの場所や、スペイン・バロック様式の旧市街などに連れて行ってもらった。

また、ほかの呪術師とも親睦を深めた。そこにも呪物が存在したので、機に乗じて僕専用の呪物をつくってもらった。その際、こんなことを言われた。

「呪物をつくるにあたり、おまえのことを見させてもらったが、おまえの後ろには見たこともない霊が何体もいる。その中に女の子が1人いるんだが、その子は悪霊からおまえを守ってくれている」

これはチャーミーのことだ。僕には直感で分かった。人を殺すと恐れられ、呪われた人形といわれたチャーミーが、今ではたった1人で僕のことを守っている。まさしく守り神となっていることに、とても感動した。

すべてが許されるなら、今すぐキューバに行きたい。チャーミーも連れて行ってあげたい。そう思いながら、今日も1日を過ごしている。

タイ編　呪物商の友人と再会

タイのカルチャーが好きだ。猥雑《わいざつ》で色が濃く刺激的。触れるだけで血が騒ぐ。呪物に囲まれた部屋でぼんやりしていると、時にエネルギーが枯れ果てそうになる。そんなときはタイの空気で生命力をチャージするのだ。

「田中さんはタイが似合うよね」

そんなふうに言ってもらうこともあってか、外国の中で最も身近に感じるのだ。いつもさまざまな出会いがあり、多くの経験をさせてもらっている。タイが一番しっくりくる。

今回は、コレクター仲間のハーマーンから買い付けた呪物を受け取りに、タイまで行くことにした。送ってもらってもいいのだけれど、量も多いし、久しぶりにハーマーンの顔を見たくなったのだ。

このハーマーンという男について、少し説明しておこう。こいつはかなりのやり手だ。海外、特にタイを中心とした東南アジアでは、呪物の仲買人である呪物商が職種として成り立っている。中でも、ハーマーンは世界的に人気がある有名人で、あらゆる人脈を駆使して希少な呪物を入手し、コレクターに売り渡している。僕の立場は「客」兼「友人」といったところだ。インスタグラムにメッセージをもらったことがきっかけで、僕らは親しくなった。

やり手のハーマーンはどうやら儲けているようで、シンガポールから呪物大国であるタイへ移住した。移住してからは初めて会う。いつもメッセージを翻訳して連絡を取り合っているので、ハーマーンに会えるのがすごく楽しみだ。バンコクへはテレビ番組が同行することになり、旅費が出た。助かった。これでまともなホテルに泊まることができる。

久しぶりに会ったハーマーンは、相変わらず穏やかで安心感のある男だった。呪物マーケットは詐欺やペテンが横行している危険な市場だ。ハーマーンのゆったりとした雰囲気は、彼が気に入られる理由の一つなのだろう。僕もとても信頼している。

新しい拠点となるバンコクのマンションを案内してもらったが、すごくええところやった。しかも、きれいな彼女と一緒に住んでいる。うらやましい。マンションではご利益があるといわれる「ピー・メーナークの絵」や有名な呪術師の写真など、ハーマーンが個人的にコレクションしている貴重な呪物を見せてもらい、充実した再会の時間となった。

翌日は呪物を探しに「パンティップ・プラザ」へ。ここは呪物や骨董品を中心に扱うショッピングモールで、掘り出し物が見つかることもある。タイで最も多くクマントーンを扱っているというショップでは、ものすごくパンチの効いた店主が、死ぬほどしゃべっていろいろな説明をしてくれた。同行した番組のスタッフさんが引くくらい、店主はしゃべりまくっていた。タイの人たちは外国人に慣れているのだ。

ハーマーンから大量に呪物を買ってしまったので、ここでは購入なし。明日は今回の旅のメインイベントなので、ゆっくり眠っておこう。

バンコクは夜遊びも有名だが、僕はほぼ行ったことがない。呪物の受け取りや儀式などは明け方や午前中に行うことが多く、寝坊が心配で遅くまで遊んでいられないのだ。いつかバンコクの夜も満喫しようと思っている。

タイ編　金の針を体内に入れる

ハーマーンに案内してもらって、呪術師のスラトーク先生を訪ねた。

ここでは体に針を入れる儀式を行う。呪力の高いスラトーク先生が金の針を入れると、こちらの呪力も高まるという。そして、その針は自分にとって悪い人や悪いものが近づいてきたとき、内側からチクチクと体を刺し、危険を知らせてくれるのだそうだ。物理的な事故から身を守る効果もあると聞いたので、切にお願いして針を入れてもらうことにした。

スラトーク先生は呪文を唱えながら、金でできているという小さな針を僕の体に埋め込んでいく。肉に埋めているのか、血管の中に入れているのか、僕にはよく分からない。チクッとした痛みがあったが、実感はほぼなかった。儀式の最中は目をつむらなければならない。うっかり目を開けると、針が目に移動してきて失明するという。儀式って何でいちいち怖いんやろ。正直者なので、ずっと目をつむっていた。

今回は3本の針を入れてもらったが、スラトーク先生は体の中に300本以上の針が入っていると豪語し、僕らに自分の腕をギューッと雑巾絞りして見せてくれた。そうすると肉の内側に、針と思しき無数の線が浮かび上がる。300本って、それじゃ飛行機に乗れないやん。大

呪物商のハーマーン（右）は穏やかな性格で信頼できる男

丈夫なんやろか。

4泊5日の滞在は、とても充実していた。予定していたことが全部できてスッキリした。タイは僕を満たしてくれる国だ。帰国後、風邪を引いて近所の内科に行った際、以前に患った胸が心配なので、念のためレントゲンを撮ることになった。

「田中さん、肺炎は大丈夫ですね。胸はきれいです。ただね、あなた、ここ、ここに金属があるんだけど、これ何ですか？」

「さぁ、何でしょうね!?　分からないです」

怒られると思って、反射的にとぼけてしまった。その金属は針です。儀式で入れた針でした。どうやら肺の近くまで移動したようで、へー、針って本当に入ってたんだ。

この話を怪談師の夜馬裕さんにしたら、すごく怖がられて、絶対に手術して取るべきと心配されてしまった。夜馬裕さんは医学関係の仕事をしていたので、人体に詳しいのだ。最近、右の脇を伸ばすとチクチクッと痛みが走る。針やんな。今のところ危険を知らせる意味では一度も稼働していない。よかった。これで呪力も上がるだろうか。

国内、海外を問わず、時間が空いたらどこにでも行く。呪物や怪異は尽きることがない。それを追うのが魅入られた者の使命なのだ。そう考えるといつも、どんなことでもこなせてしまう。本当に不思議なものである。

第6章　語り部の素顔

あなたがいればこそ

はやせやすひろ

マクドナルドはビッグマック一択。おにぎりは18年間、ツナマヨしか食べていない。靴はいつも一足だけ持っていて、履きつぶすと新しいものを買う。洋服は全部もらい物だ。ずっと同じで変わらないものが好きだ。ずっと同じものを食べたいし、ずっと同じものを持ちたい。外食も同じところにしか行かないし、散歩も同じルートだ。それをつまらないとか、退屈だとかなんて思ったこともない。

なぜなら、変わらない、変えられないのではなく、僕の場合は「変えない」からだ。僕は自分で選択して同じ毎日を過ごしている。それを決めることはむしろ清々しい。

毎日のスケジュールも決まっている。

月曜日　9時～12時　睡眠
　　　　13時～18時　動画編集

22時～　岸本さんが来る。YouTubeの動画収録。撮影後、奥さんと岸本さんと
　　　　おしゃべりしたりして過ごす
1時～　動画編集

火曜日　9時～12時　睡眠
　　　　13時～18時　動画編集
水曜日　月曜日と同じ
木曜日　火曜日と同じ
金曜日　火曜日と同じ
土曜日　9時～12時　睡眠
　　　　13時～　YouTubeの動画収録。午後から日曜日の夜までフリーなので、動画収
　　　　録以外の仕事をする。例えば打ち合わせ、ナレーション収録など
日曜日　22時～　動画収録
　　　　1時～　動画編集

このスケジュールにイベント、取材など撮影以外の仕事が加わる。編集の時間がとれないときは、寝る時間を削るしかない。まったく寝ることができない日も多々ある。

変わっているだろうか。自分的に人と違うだろうなぁと思うのは睡眠だ。僕はあまり眠らない。それに、夜のほうが頭もさえて仕事がはかどるので、どうしても眠るのが朝からになってしまう。長い間、このスケジュールでやらせてもらっている。奥さんも僕と同じように朝から昼まで眠る。あの子は、たまに夕方くらいまで眠ることもあるかな。

編集の合間の休憩として、最近ピアノを始めた。僕は絵画や美術品が好きでたまに見に行くのだが、ああいった雰囲気に憧れがすごくある。クラシック音楽が流れているような空間だ。素敵。何かが浄化されるような気がする。

実は子供の頃からピアノへの憧れはあった。でも、当時の僕の地元では、ピアノを弾くというのは女性のやることで、習いたいなんて言い出せない空気だったのだ。子供の頃に抱いた憧れを大人になってから実現していることになる。

とはいえ、時間的に誰かに習う余裕はないから完全に独学で、今年の2月に電子ピアノを購入して、コツコツ練習している。『戦場のメリークリスマス』を課題にして、その曲だと分かるくらいには弾けるようになった。いい気分転換になるし、ゆったりとした気分になる。これまで休憩といえば横になってダラダラ過ごすしかなかったけど、ピアノを練習することで区切りがつけやすくなった。

趣味らしい趣味がない僕が、珍しくハマっていることだ。

バイト先で出会った運命の人

　僕には、人より恵まれていることが一つだけある。それは奥さんだ。あの子がいなければ、今の僕は絶対に存在しなかった。2人で1人だと思っている。奥さんは、僕自身だ。そう感じてさえいる。ここまで信頼できる人と出会えてよかった。

　奥さんの親知らずを肌身離さず持っているのだが、緊張したり、不安になったりすると、取り出してそっと撫でる。頬ずりしたり、口に入れてみたりもする。そうすると、すべての恐れが吹き飛ぶのだ。

　あれは僕が19歳、奥さんは高校2年生のときだった。アルバイト先のスーパーマーケットに、奥さんが新しいバイトとして入ってきたことが、出会いのきっかけだ。僕は女性が苦手だし、あまり話したこともなかった。ましてや、女性を好きになるなんてことはあり得なかった。だって、誰かをかわいいと思ったこともなければ、芸能人のファンになったこともない。恋愛感情というものを抱いたことさえなかったのだ。

　それが、奥さんを見た瞬間から好きになった。

「絶対、この人と結婚する」

そう思った。まったく理由は分からないけど、本当にそう思った。まぁ、奥さんは僕と違って性格も明るく、交友関係も広い。一目惚れするのは仕方なかったとも言える。いや、でも、そういうことじゃない。もっと神秘的な何かを感じたのだ。ひょっとすると奥さんとの出会いや結婚が、僕の人生における最も霊的な出来事かもしれない。

とはいえ、それまで生粋の陰キャとして過ごしてきた僕だ。好きになったからといって、アプローチの仕方がまったく分からない。生まれて初めて恋愛の指南本を買って読んだ。雑誌の恋愛特集も読んだ。

「傘を貸してあげましょう」

そう書いてあったから、雨の日でもないのにバイト先に傘を持っていって「これ、持っていきなよ」と押し付け、気持ち悪がられたこともある。きっと怖かったと思う。

指導係と新しいバイトの子という関係ながら、年齢が近かったこともあり、僕たちはそれなりに仲良くなっていった。1年ほど順調に会話する関係を保ち、いよいよ僕はデートに誘うことに成功した。

でも、女性と一緒にどこへ出かけていいか、まったく分からない。知っていることは今も昔も怪異についてだけだ。考えに考え抜いて、初デートは中野区の哲学堂公園をチョイスした。妖怪のオブジェがおしゃれだし、民俗学に触れることもできる。それに知的。かわいらしいあの子にぴったりのデートスポットだ。僕は20歳でテレビの裏方をやっていて、奥さんは高校3年生になっていた。

恋愛指南本に「デートのときは財布を机の上に出しておきましょう」と書いてあったから、喫茶店でもレストランでも、そうするようにした。これは「付き合ったらこうなるのかな」と未来を想像させるためらしい。ちょっとよく分からなかったけど、その通りにしていた。

出かける場所は、いつも寺や神社、あの子が興味のない美術館や博物館だったけど、2人で過ごすことを何度か繰り返したことで、僕はかなりの手応えを感じていた。だって、女性が男性と2人きりで出かけるなんて、そんなの好きに決まっている。恋愛弱者ゆえに、そうとしか思えなかったのだ。

あの子は間違えている

そうこうしているうちに、僕の誕生日がきた。あの子は高級そうな枕をプレゼントしてくれた。「いつも寝不足そうで青白い顔をしているから、これでよく眠ってください」と、そんなふうに言ってくれたことを覚えている。完全にイケる。枕のプレゼントなんて、これはもう婚約したも同然。OKやん。すっかりテンションが上がった僕は、この機に乗じて、あの子の家の前で告白した。

「こういうの初めてなんです。言い方も合っているかどうか分からんけど、お付き合いしませんか？」

「いや、付き合えない。ごめんなさい。大学に行くから生活も変わるし」

大学に負けた。めちゃくちゃ腹立った。悲しくはない。ただ、腹が立った。だって間違えている。はーん、この子は選択を誤っているな、かわいそうやな。そう思ったので、我慢できずに説教した。

「あかんやん。選択を間違えてるよ。あかんやん、間違えたら。分かるでしょ」

僕は心底そう思っていたので、本気で間違いを気づかせてあげようとした。

「いや、そういうんじゃなくって、本当に…」

あれ、本当なんだ。あの子が困惑する様子を見て、ようやく自分が振られていることを理解した。びっくりした。

それから僕たちは会わなくなった。それでも、僕はずっとあの子がかわいそうで仕方なかった。だって、間違ってるから…。本当は結婚するはずなのに、間違ってかわいそうだ。ずっと、そう思い続けていた。

僕は毎日、小田和正の『緑の街』を聴きながら、あの子と行った場所や、あの子の話に出てきた場所をぐるぐると歩きまわった。彼女との思い出の場所を巡る。まるで聖地巡礼だ。そうすれば、いつか偶然会えるかもしれない。のこのこ会いに行ってしまうのは、全然ドラマティックじゃない。僕は『緑の街』を繰り返し聴きながら、深夜、ずっとあの子のことを想いながら歩きまわっていた。

「ねぇ、なんで深夜に外行くの？　何してんの？」

当時、東京にいた二つ下の弟が、僕の奇行に気づいた。こっちは絶対に正しいことをしてるつもりだから、胸を張って「好きな子と偶然会えるように、その子の家の近くをまわってんねん」と答えた。

「やめなよ！　ストーカーだよ！　相手が嫌だって言ったらダメなんだよ」

「でも、あの子は間違ってるから、かわいそうだから」

「いや、間違ってるとかじゃないから。いったん冷静になって、やめなよ」

夜の公園で弟に7時間ぐらい説教された。僕が渋々やめると言ったときには、もうすっかり朝になっていたなぁ。仲のいい弟がそこまで真剣に言うのなら、訳が分からないけどやめてあげよう。そう決めたのだ。

2度目の告白

そんな感じで大失恋をした僕は、それからADの仕事に打ち込むようになった。ところが、眠る暇もない忙しさの中、ある一通のメールの宛先を間違えてしまう。その送り先が、あの子のメールアドレスだったのだ。

「間違えてませんか？」と、すぐに返信がきた。振られた相手だ。わざとやったみたいで、ものすごく恥ずかしかった。やっちゃったと焦りまくった。すぐに謝罪のメールを送ろうとしたのだが、その前に「相談したいことがあるんです」と、改めてあの子のほうからメールが送られてきた。

そうして1年ぶりに僕らはファミレスで運命の再会をすることになる。あの子はちょっと大人っぽくなっていた。僕はといえば、もうガリッガリ。ADとしてやることが多すぎて、寝てないし、食べてないしで、体重は50キロを切っていた。あの子の第一声は「大丈夫ですか？」だった。

さて、あの子の相談とは、彼氏についてだった。大学でサークルに入った彼女は、そのサークルの部長とお付き合いしているというではないか。が、その彼氏と別れたとストーリーは続く。僕がメールを誤送信してしまった日が、ちょうど別れた当日だったから、話を聞いてもらいたくなったというわけだ。

メチャメチャしんどかった。僕は弟に説教されて彼女を追うのをやめただけで、気持ち的には以前と何ら変わっていない。何年たっても彼女の間違いを正してあげたい。ずっとそう思っていたのだから、ほかの男の話を聞かされるのはすごくしんどい。それでも、あの子と話すとどんな内容でもやっぱり楽しくて、次第に「話せるだけでいいか」と、そんなふうに感じるようになっていった。

そうして、また以前のように2人で会うようになった。僕はガリガリで顔色も真っ青で、家のことも何もできない。あの子はそのうち、そんな僕の面倒を見てくれるようになった。僕が22歳、あの子が20歳のとき、2度目の告白が成功して、お付き合いすることになった。そのときの言葉は「ほら」だ。

「ほら、やっぱり選択を誤っていたじゃないか」

会心の笑みであの子にそう言った。それからはずっと仲良くさせてもらっている。

こういう自分にまつわる「恋の話」をイベントで披露すると、「はやせさんは変だ。変わっている」と言われる。僕にはそれがまったく分からない。でも、みんながそう言うんだから、たぶん変わってるんだろうな。

奥さんはかなり事件を起こすタイプだから、いつもネタが尽きない。でも、奥さんの話をネタや売りにしようとは思っていない。たまたま好きになった相手が面白い人だったから、身近な出来事を話しているくらい。これからも面白いことがあったら、いろいろ話していきたい。奥さんのそんなところが、また愛おしい。

驚くほどのクズ男

お付き合いして、すぐ一緒に暮らし始めた。そこからは、あの子に頼りっぱなしだ。当時の僕は、社会的信用がまったくなかったから、部屋を借りることさえできず、同棲する部屋も彼女に借りてもらった。家事や家計のやりくりも全部やってもらった。ADの仕事を辞めていたのでアルバイトを探していたが、それさえも全然見つけられなかった。

「誰でもできるお仕事です」

募集要項にそう書いてあったから2人で面接を受けて、なぜか僕だけ落とされたこともある。

肉屋で冷蔵庫の番をするアルバイトに応募したのだが、そのときのことは今でも解せない。僕と70代のおじいちゃんがバイトの席を奪い合って、僕が不採用で70代のおじいちゃんが採用された。面接では珍しく話も弾んだし、僕は「雪国の生まれだから寒いのは得意なんです」と嘘までついたのに…。あの盛り上がりに勝ったおじいちゃんは、どんな話をしたんだろう。いまだに興味がある。

それからもアルバイトの面接に落ち続け、なかなか仕事が決まらなかった。当時、放送作家としての収入は月4万円ほど。それでもライフワークである怪異についての取材には行きたい。どうしようもなくて、あの子に公園で土下座をしてお金を借りたこともある。

あの子の奨学金を返済するため、あの子のお父さんがくれたお金を使って、海外へ取材に行ったりもした。とんでもないクズ。我ながら信じられない。実家を担保にして、あの子にお金を借りさせたこともある。もちろん、月々の生活費もあの子持ちだ。

作家の村田らむさんは「いろいろクズはいるけど、君ってすごいね。水商売系でもないのに、こんなに女性から金を引っ張るなんてヤバいよ」と言っていた。僕も本当にそう思う。でも、これまであの子に否定されたことは一度もない。どんなときもすぐに「いいよ」「使い」と言ってくれる。まともに働いてない間も、あの子に「働け」と言われたことはない。

あの子が高校生のときから、ずっと貯めていたお金があった。ある日、僕は「タイに行かせてくれ」と頭を下げて、そのお金まで使った。長いこと大切に貯めてきたお金だ。これにだけは手を付けてはいけない。そう思っていたのだが、どうしてもタイに行きたい気持ちが勝ってしまった。

夜、眠っていると物音と人の気配で目が覚めた。暗い中、あの子が通帳を見て泣いている。何も言えなくて、怒ったように「はよ、寝たら」と口にしてしまったが、内心は違った。「これはヤバい。ヤバいぞ」と初めて思った。心臓を握りつぶされていくような感覚。身を引き裂かれる気持ちを味わった。僕は、あの子のことが何よりも大事なのだ。

絶対に当たる宝くじ

そんなときに出場したのが2015年の『オカルトスター誕生』だ。もう、後がなかった。背水の陣を敷き、優勝できたことはまさに奇跡。本当に危ないところだった。あのときの優勝がなければ、はやせはいないと言い切れる。

優勝して調子に乗った僕は、ついに大好きなあの子との結婚を決めた。でも、依然として生活はムチャクチャだ。作家としての収入は月に4万円ほどと書いたが、それは「月に振り分ければ」という金額で、実際は1年のうちに特番の仕事を数本するだけ。僕はほとんどの時間を読書や散歩に費やし、生活は奥さんのお金でしていた。

こんなんでいいわけがない。奥さんはどう思ってるんだろうか。ある日、意を決して奥さんに気持ちを尋ねてみた。どうしようもない毎日、どうしようもない自分、僕自身が、そんな自分に嫌気が差していた。

「こんなムチャクチャやのに、お金貸してくれって言ったらすぐ貸してくれるし、なんで別れずにおるの？　もっとええ男おるぞ。なんで、ずっとついてきてくれんの？」

こう聞くのが精いっぱいだった。あの子のことだけが好きで、誰よりも大切なのに、僕は苦労しかかけてない。ただ「なんで？」と聞くことしかできなかった。

「絶対に当たる宝くじを私が捨てるわけないでしょ。あなたが一番異質だし、一番面白い。一番変。熱量が違う」

そう言って、あの子は照れくさそうに笑った。

これは絶対に幸せにしなくちゃいけない。瞬間に決意した。一生をかけて幸せにしないといけない。あの子の愛と信頼は、僕のことさえも変えたのだ。そこからはもう何もかも本気で取り組むようになった。

結婚のあいさつであの子のお父さんに会いに行ったとき、これまでのすべてを打ち明けた。黙っていることは、だましているようで僕にはできなかった。お金も使ってしまった。収入もない。怖い話ばかり追いかけてしまう。それでも、あの子のことが好きで、大切で、一生をかけて幸せにしたいと思っている。すべてを包み隠さず話した。ボコボコにされることは、もとより覚悟の上だ。

すると、意外な言葉が返ってきた。

「今より、もっと暴れろ。好きにやれ。本当にお金に困ったら、こいつじゃなく俺に言え。俺が全部出してやるから」

あとから聞いたところによると、家族で僕の活動を応援していたらしい。あの子はそんなことも、僕の負担になるからと黙っていたのだ。2017年に『怪談グランプリ』で優勝したときは、心底、ほっとしたのを覚えている。

僕たち夫婦の結びつきは、血を分けた肉親より強い。この間なんて、生んでくれた母親の名前を忘れたくらいだ。奥さんがいなければ、何もできなかった。これからも奥さんがいてくれればこその僕なのだ。

お兄ちゃん　ミ・ツ・ケ・タ

大好きな岸本誠さんとは、僕が23歳、岸本さんが27歳のときにワタナベコメディスクールで出会った。2人とも放送作家になりたくて作家企画構成コースに通っており、そのときの同級生なのだ。

最初の印象は最悪で、僕は岸本さんのことがムチャクチャ嫌いだった。岸本さんは優等生だったのだ。いつも一番前の席に座って授業を受け、先生に大きな声で返事をする。今も変わらないが、岸本さんは権力に弱い。当時からその傾向が見えていて嫌いだった。誰が見ても「あのクラス」の中心。それが岸本さんだったのだ。

一方、僕はいつも教室の隅っこにいて、そんな岸本さんをねたんでいた。

「なんや、あいつ。面白くないのぉ。こびへつらって、それで上に行けるんだったら、テレビもダメになるで」

一人で嫉妬の炎を燃やしていたのだ。でも、意識していたのは僕のほうだけで、岸本さんは僕のことなんてライバル視していなかったと思う。それくらい岸本さんと僕の間には、暗くて深い川が流れていた。

そんなふうに僕は感じていたが、ある日、みんなで仲良くなろうというクラスの「ご飯会」が開かれた。不参加という選択をするほど僕も厭世的《えんせいてき》ではないので、ひっそりと参加することにした。そこで岸本さんが話し掛けてきたことが、僕たちの始まりとなった。

ご飯会の後、たまたま渋谷に用事があった僕は、きっと不安そうな顔をしていたと思う。だって、渋谷なんて分からないんだもの。ADとして買い出しに行ったことが数回あるくらいで、まったく地理が頭に入っていない。行きたいお店があるのだが、その場所の見当がつかなくて考え込んでいた。

「どうしたの？　そんな顔して」

　岸本さんが満面の笑みで聞いてきた。「なんや、話しかけてくんなよ！」と思ったが、そこはこちらも成人男性。僕は正直に「いや、ちょっと渋谷で行きたい店があるんだけど、場所が分からないんです」と答えた。

　岸本さんは「そうなんだ。渋谷は俺の庭だから」と言って、まさに任せてくれといった感じ。その瞬間、ドキッとした。僕は「えっ、渋谷が庭なの」と、岸本さんの言葉をそのまま信じてしまったのだ。これっぽっちも疑わなかった。それで「じゃあ、紹介してくださいよ」と、連れ立って目的の店へと向かった。

　店はつぶれていた。何が庭やねん。そう思った。

「このまま歩くのもあれだし、おいしいコーヒー屋を知ってるから、そこ行こう」

　岸本さんは渋谷の駅のど真ん前にあるスターバックスに向かった。当時、スターバックスを知らなかった僕は「こんなしゃれたカフェを知ってるなんて、この人はすごい」と、羨望《せんぼう》のまなざしで岸本さんを見ていた。

　そして、感覚的に「すごく面白い」と思った。奥さんのときと同じように「これから長く一緒にいることになる」とも感じた。ただの直感だけど、そんな気持ちでいっぱいになった。

　岸本さんは話してみると、まるでペテン師みたいに面白かった。ふらふらしてるのに人とし

2人の好きなものがピッタリと符合して結成された都市ボーイズ

て不思議な魅力がある。これまで会ったどんな人とも違う。聞くと新宿・歌舞伎町出身で、うさん臭いにもほどがある。どんどん惹き込まれて猛スピードで仲良くなった。

都市ボーイズ結成秘話

岸本さんと仲良くなって、スクールに通うのが楽しくなった。学校が楽しいと思ったのは、生まれて初めてだったと思う。

そんなスクールもいよいよ卒業の時期を迎えた。卒業課題は、プロの作家さんにテレビ番組の企画をプレゼンすること。その内容によって放送作家の事務所に所属できるか、できないかの合否が決まる。

結果、岸本さんはトップで合格し、僕は最下位で不合格だった。

「選考していたプロの作家さんたちは見る目がないね。あの中で、おまえが一番ぶっちぎりで面白かったのにね」

岸本さんのこの言葉がなかったら、僕は放送作家になるのも、怪談を人前で話すのも、なんだったら社会に出ることさえも、全部やめていたと思う。それほど僕の根底を支えている言葉だ。今でも「しんどいなぁ。うまくいかんかったなぁ」と気が滅入ると、岸本さんの「おまえが一番ぶっちぎりで面白い」という言葉を思い出して、気持ちを奮い立たせている。

スクール卒業後、一緒に遊ぶようになった僕たちは、ポッドキャストを始めることにした。イメージは伊集院光さんのラジオのような、切れ味のあるトーク番組だったけど、やっぱり素人がやってもうまくいかない。何を話すかテーマを決めないことには、トークなんて続けられるものではないのだ。

大好きなオカルトをテーマにしたい。番組をアップすることは決まっていたから、僕は岸本さんに思いの丈を打ち明けることにした。

「実は、ちっちゃい頃からオカルトとか大好きで」

最後まで言う前に、岸本さんも「俺も大好きなんだ。『MMR マガジンミステリー調査班』とか大好き」と賛同してくれた。

2人の好きなものがピッタリと符合した。じゃあ、それに関することやろうや。ということで、できたのが「都市ボーイズ」だ。結成は2015年の5月になる。そこからは分かりやすくて面白い話をベースに、なんとか続けられている。

岸本さんには、僕が苦手なことを全部担当してもらっている。外部からの連絡に返信したり、つまり「対人」に関することすべてだ。グッズについては岸本さんで、僕は動画や音声の編集作業を担当している。ネタはそれぞれに仕入れ、これはと思ったものを皆さんにお伝えするというかたちだ。

岸本さんはアンダーグラウンドな世界や陰謀論に詳しく、僕は怪談、心霊、呪物の係といったところか。得意なものを2人で分けてやっているが、ちょうどいい距離感でやりやすい。

エンジンは岸本さん

岸本さんは、僕が言ったことを絶対に否定しない。これまで「それはダメだ」と言われたことは、ただの一度もない。僕が言いたいこと、やりたいことはムチャクチャなのだが、どんな無理難題でも岸本さんはいつも解決策を示してくれる。

「おまえの言い方だとトゲがあるし、進めるのが難しくなるから、こっちで考えるわ」

そうやって必ず最良の着地点を見つけてくれる。恐ろしく冷静かつ頭がいいのだ。何があっても動じないし、僕がどんなに騒いでも暴れても、落ち着いて対処してくれる。

僕が怪談大会で優勝したところで、「よっ、おめでと」くらいしか言ってこないクールな岸本さんだが、キレるときはとんでもないという側面を持っている。もし、彼の中の正義を踏みにじり、超えてくるヤツがいたら、もう大変だ。そうなったら全然、僕以上にキレるから怖い。

そんな岸本さんは「岸パス」の異名を持っている。そう、サイコパス岸本と一部で呼ばれているのだ。だから絶対に怒らせないほうがいい。

岸本さんでなければ続けられなかった。あの人でなければ、僕は動かないし、あの人でなければ、そもそもこうしてやっていない。都市ボーイズを車に例えるなら、ボディは僕で、エンジンは岸本さん。で、タイヤが奥さん。そう思っている。

3人でなければ動かない。それが都市ボーイズなのだ。

死ぬまで忘れない光景

都市ボーイズを結成してから、数カ月でいきなり申し訳ない気持ちになってしまった。活動が全然お金にならないからだ。岸本さんにタダで家に来てもらうことに、だんだん気が引けてきた。ポッドキャストをやろうと言い出したのは僕だ。岸本さんにペライチの企画書を書いて提案した。収録も編集も自分がやる。裏方は全部やるから一緒にやってくれないか。そう頼んで始めたことだ。

やる気はあったけど、お金がない。岸本さんにギャラも出せないし、取材にもお金がかかる。続けられるかしら…。すっかり不安になってしまったのだ。悪いことは重なるもので、この時期に体も壊してしまった。

弱気になって部屋でイジけている僕に、奥さんが『オカルトスター誕生』のオーディションを勧めてくれた。

「これで優勝できたら一生続けろ。お金がなくなったら、また、私がどうにかしてやる」

こう言って発破を掛けてくれた。あの子はそんなところもある。つまり、カッコいいのだ。オーディションに受かり、晴れて『オカルトスター誕生』に出演することができた。それだけでも驚きなのに、なんと優勝してしまった。番組プロデューサーが電話で優勝を告げてくれたのだが、そのときのことは今でも隅々まで覚えている。

暖かな夕日が頬を照らす中、奥さんと2人でワーキャー言って喜んだこと。外出中だったから周りの人たちは何事かとドン引きしていたけど、そんなことお構いなしに抱き合って叫びまくった。あの光景は死ぬまで忘れないだろう。

悪評はすべて引き受ける

『オカルトスター誕生』『怪談グランプリ』と首尾よく優勝が続いたものの、状況は何も変わらなかった。相変わらず仕事もなく、ぱっとしない日々だ。王者なのに、冠を持っているのに、生活は以前とまったく同じだった。

ただ、変わったことが一つあった。それは悪評が広まったことだ。ネットには「あいつ、おもんなかったのに優勝したな」「トロフィー返せよ」などと、僕への罵詈雑言《ばりぞうごん》があふれていた。SNSを開けば悪口のコメントと脅しのようなDMが届いている。それは毎日、数えきれないほどの量だった。

しかし、チャンスやなと思った。これは僕に注目が集まっている証拠だ。名前を広めるために、今の状況を利用しない手はない。ここで名前を上げるのだ。僕はまず、アンチを集めて有人のイベントを開催した。ムチャクチャ言ってくる人たちに「なんかあるんやったら来いや。というイベントを開催します」とSNSで告知し、そのうえで悪口を言ってくる人たちのDMに返信まででした。

当日は、かなりの方が集まってくれた。参加者には事前に文書での質問を募り、それにトロフィーを持った僕が答えるというイベントだ。きっと、対面ではひどいことを言えないだろうと考え、事前に質問を募ったのが功を奏して、とんでもなく辛辣《しんらつ》な質問ばかりだった。

Q「初めて人前で怪談をして、優勝する。そういうのどう思ってますか？」

A「そもそもこの業界が好きなら、喜べよ。スターが生まれたことを。怪談を始めて初日で優勝したんじゃ、こっちは。よかったのぉ。明るいのぉ。未来」

Q「自分が優勝したのは分不相応だとは思わないんですか？」

A「俺が優勝を決めたんやない。周りが決めたんやから、あんたらが俺やないと思うんなら、審査員のほう行けよ。おまえ」

そんなふうにわざと口汚く、ひどい返し方をした。こちらも人生をかけていたので、怖いものなんてない。イベント後は当然、前よりもさらに炎上して、毎日「死ね」「殺す」といったコメントやDMが届いた。

ただ、ムチャクチャなヤツがいると、アンダーグラウンドというかサブカルの世界では、少し話題にしてもらえた。これはいい傾向。そして、ついに僕たち都市ボーイズがイベントに出ると、チケットの売り上げが伸びると言ってもらえるようになった。

悪評でもいいから、どんどん僕のことが広まってほしかった。なんでもいいから名前が広まってくれ。祈るように毎日そう考えていた。だって、そうじゃないと岸本さんのことも奥さんのことも、食べさせることができない。ほかに方法なんて思いつかなかったのだ。

「僕が背負って済むものなら、いくらでも背負ってやる」

このときにはすっかり覚悟ができていた。ポッドキャストでは完全なヒールになって、言いたい放題しゃべった。すると、次第にオカルトとは関係のない業界でも「なんか、いつもキレてるヤツおるで」と、噂をしてもらえるようになった。

新宿にある『ロフトプラスワン』というライブハウスは、サブカルの聖地といわれている。

出演者は一流ぞろいだ。その分野の専門家、広く認められている人たち、集客力がある人気者だけが出演できる。

そのプラスワンから都市ボーイズに出演依頼が来たときは、ついに「勝った」と思った。今でも敵が誰だったのかは分からない。アンチたちだったのか、いい思い出のない岡山だったのか、あるいは僕たちとの共演を拒否した、ほかの演者たちだったのか…。

いや、敵なんて本当は誰もいなかったのかもしれない。ただ、僕は、僕一人の戦争に勝利したのだ。そう感じている。

燃え尽きることがない情熱

田中俊行

現在の生活をとても気に入っていて、こんなふうな暮らしがずっと続けばいいと思っている。実際、時間の制約を受けることは増えたが、どこにとどまる必要もなく、興味を持った場所に気ままに出かけることができるのだ。これほどの幸せはない。

毎日、何かしらやっている。丸一日オフだった日は3月でいうと2日間、4月は3日間。充分な休息だ。プライベートに限られる趣味もないし、家族がいるわけでもない。独り暮らしの男なんて、こんなものだろう。暇を持て余してもろくなことはない。

今、一番の楽しみは海外取材だ。日本では絶対に経験できないことがあるから、どうしても行きたくなってしまう。見なくてはいけない景色、体験しなくては分からない奇祭などがたくさんある。この目ですべて見たい。あらゆることをやってみたい。この感覚は渇望に等しい。神戸でぼんやりと過ごしてきた日々が嘘のようで、忘れていた情熱が爆発している感じだ。

タイ　デカダンス

昨日、タイの「入れ墨祭り」を取材して帰国したばかりだ。バンコクから車で1時間ほどの「ワット・バンプラ」という古代寺院まで見学に行った。世界中から人が集まる非常に規模の大きい祭りで、圧倒されることばかりだった。

入れ墨祭りの目的は、その場で崇拝する高僧に神聖な入れ墨を彫ってもらうこと。その入れ墨は魔除けや幸運のパワーを持つといわれ、祭りは朝の早い時間から始まるのだが、彫ってもらいたい人の数がエグい。まさに長蛇の列だった。

今回は様子見に終始したが、本当にすごかった。何かに取り憑かれたような人たちが、僕のほうに全速力で駆け寄ってくる。その様子はゾンビそのもので、メチャクチャだった。もちろん、最高だったけど…。

入れ墨を彫られている人には、仏教神話に出てくるサルやトラ、鳥、老師などが憑依《ひょうい》するといわれている。憑かれるとトランス状態に陥る人が多く、白目をむき、獣のような雄叫びを上げ、正気を失って暴れまわる。その様子があまりに真摯《しんし》で迫力に満ちていることから、奇祭と呼ばれるようになったのだ。

祭りの興奮に支配されているからか、入れ墨の痛みからなのか、あるいは本当に何かが降りてきたからなのか、実際のところは分からないが、それでも僕が見た人々はこれ以上ないほど真剣な顔をしていた。見ているこちらが恐れおののき、思わず後ずさりするほどで、とても演技でやっているとは思えない。

耳をキュッと引っ張ると憑いていたものが抜けるらしく、その瞬間にスーッと我に返っていく様子も圧巻だった。いつか僕も入れ墨祭りに参加してみたい。そのとき、何が降りてくるやろ。あっこで入れてもらったら、僕も走り出せるかもしれない。どこへ走っていこうか、今から楽しみだ。

タイが好きな理由は、ほかにもたくさんある。そもそもタイの雰囲気が自分に合っている。オカルトとはちょっと違う、サブカル的な文化が好きなのだ。すべてを受け入れてくれる寛容さと退廃的な生活が同居していて、それは日本では見られない光景だ。

路地にある妙に生々しい真っ赤な看板に大量の電線。すえたフルーツの匂いと湿った熱い風。そのすべてが不気味で美しい。街をさまよっていると、自分が日本人だという感覚がどんどん薄くなっていく。世界中の人間がタイに魅了されるのがよく分かる。やっぱりタイは魔窟なのだ。タイに行くと自分がカッコよくなった気分になる。さしずめ、ハードボイルド田中といったところか。それがたまらなく心地いい。

街歩きの途中にある死

時間があるときは、現地の古本や古雑誌を探して歩いたりする。犯罪専門誌の『アチャヤーガム』や『クライムマガジン』などは、とんでもない写真がバーンと載っていたりする。鬼畜系に耐性のない人は直視できないと思う。街歩きの途中で死を手にする。そういったタイならではの特殊性も不健全で素晴らしい。

そんな理由で僕は時間ができればタイに行くようにしている。これからもお金が続く限り行くつもりだ。よく周りから「田中さん、夜遊びもしてるんでしょ」と言われるのだが、意外にもバンコクのナイトライフを満喫したことはない。確かに飲みに行ったりしたことはあるが、ほんの少しだけだ。

タイでは、呪物の受け取りや神事に参加することが多い。そうなると相手方に指定される時間が、どうしても夜明けや早朝になってしまうのだ。おそらく、より清浄で神聖な時間帯を狙うのだろう。その重要なシーンに合わせるため、夜はホテルで寝ておきたい。幸い、いつでもどこでも一瞬で熟睡できるので、泊まるところに着くとすぐ寝ることにしている。また、僕はけっこう眠りが必要なタイプでもある。

刺激にあふれるタイで生命力をチャージ

呪物を集めるようになってから、外国人の知り合いが増えた。ほかの国でも僕のことを取り上げてくれることがあり、インスタグラムやフェイスブックにメッセージが届くのだ。

「俺も神秘的なものを集めている。俺のインスタも見てくれ」

「日本で人形神《ひんながみ》を探している。知らないか」

「呪術師になりたいんですけど、どうしたらなれますか」

そんな内容だ。すごくうれしくて、英語なんて分からんけど翻訳機を使って解読し、返事をする。そんなことを続けていたら、あっという間にいろいろな国に知り合いができてしまった。オカルト系の話もしたいし、現在、その国で流行っていることも知りたい。知らないことを知るのが楽しくて、英語の勉強まで始めたくらいだ。

いつか流暢《りゅうちょう》な英語を話せるようになりたい。これからでも成長ってできるんやろうか。最近はよくそんなふうに考えている。

バンドとカフェ女子会

10年以上、とあるバンドに属している。僕はギター担当だ。ほかにベースとドラムの3人で活動している。ライブハウスで知り合った者同士で、年齢も性格もバラバラだ。ただ音楽の趣味だけが合っている。今でも月1ぐらいでライブをしているが、これは何も告知していない。ジャンルはパンクなんやろか。オリジナル曲を中心にやっているので、どんなジャンルのバンドなのか考えたこともない。

そもそもバンドを始めたことや10年以上続けていることに、れっきとした理由もない。3人ともステージに立った瞬間だけ、非日常的なスターの気持ちになれる。ただ、それだけで続けている。いつも客は数人だけど、それでいいのだ。バンド活動以外、お互いにまったく興味を持っていない3人だから、プライベートで遊んだことはついぞない。もちろん、これでええと思っている。

最近になって気づいたのだが、一人でいるときが一番落ち着く。部屋にいるときはテレビもつけないし、音楽もかけない。電気もつけないことが多い。そんな状態のまま一人でボーッとしている時間が一番好きだ。夜中だと本当に静かで、暗い中で何も考えず「無」の状態になっていると、これは瞑想に近いなと思う。動いていた頭や心が、休まっていくのを感じる。僕にとって大切な時間だ。

ほかには、時たま近所に住むチビル松村くんや住倉カオスさんと、カフェに行くのも楽しみの一つだ。すごくリラックスできる。カオスさんはお酒を飲まないし、甘い物が好きなので、昼間から3人で集まっておやつを食べながらお茶をする。

話題なんて特になくて、他愛もないことばかり話してキャッキャしている。最近のネットフリックスがどうだとか、新しく買った靴がなんだとか、ようやく暖かくなってきたとか、そんな話題だ。あれは、なんなんやろか。僕は女子会に近いと思っている。田中の心の片隅には昔から少女が住んでいる。かわいいものもわりと好きだ。

『電影少女』や『ZETMAN』で有名な漫画家の桂正和先生とも、仲良くさせていただいている。すごく気を使ってくれる先生で、いい人だ。まったく別の世界の人だけど、気が合ってよくしてもらっている。

チャーミーを抱く田中俊行（撮影●井上嘉和）

大人数の飲み会に参加してもコーラを飲んでいることも多いし、誰よりも早く帰ってしまったりする。よく無頼っぽく見られることがあるけど、いやいや、おとなしいものだ。昭和の俳優みたいに、毎晩、酔って遊びまわるなんてことはない。

怪談師のApsu Shusei（アプスー・シュウセイ）さんは、そんな感じかもしれない。シュウセイさんはマインドがギャル。コミュ力の鬼だし、友達もたくさんいて、陽キャでパリピ。僕と正反対だから彼といると楽しい。

毎日、朝の9時にセットした目覚ましで起きる。そして、呪物に供物を捧げたり、礼拝をしたりする。腹が減ったら何か少し食べて、また何かをする。気が向けばスーパーに買い物に行くこともあるし、週1でコインランドリーにも行く。

タイのホラー漫画を見ることもある。バーツコミックの古いものは、絵に味があっていい。言葉は読めないけど、絵を見ているだけで勉強になる。休みよりも仕事で飛びまわっているほうがいい。何かやっていないと、自分が生きていることを忘れてしまう。

最近、気に入って服に着けているタイのお守りがある。それは「プラピッター」という名前で、「嫌なものを見たくない。本当のことを知りたい」という意味が込められている。僕はそんなふうに生きていきたい。

家族と僕の微妙な関係

最近、母・みさえの写真をSNSで披露した。皆さんから「美人」「上品」などと言われ、みさえもすっかり調子に乗っている。家族には僕が何をやっているかまったく知らせていない。ところが、兵庫県の西宮で行われた出版記念イベントに、みさえがいきなり現れたのだ。姉のあいちゃんが連れてきたのだが、さすがに驚いた。何を話していいか分からなくて、思わず写真を撮ってしまった。そのときの写真を公開したわけである。

みさえは頻繁にショートメールを送ってくる。「借金だけはするなよ」というメッセージの後に怒った顔文字を付けて。なんとか、もうこれ以上は心配をかけないようにしたい。みさえは僕が神戸の実家を出られたことで、子育てに成功したと思っているようだ。このままそんなふうに思い続けてほしい。

みさえをフィーチャーすることが多く影に隠れがちだが、まだ父親も健在だ。父親はとにかくオカルト系の話が大嫌いなのだが、家族で唯一、ちゃんとした幽霊を見たことがある。一度だけメチャクチャ鮮明な落ち武者の霊を見たそうだ。でも、感じる力があるわけではなく、本当にそれだけ。たった一度が落ち武者って、クラシックすぎてちょっと笑ってしまう。

父親は僕が野犬に取り憑かれて以来、気味悪がってあまり近づいてこなかったけど、ごく最近、しゃべるようになった。実家に帰ったときなど唐突に「今日、帰るんやろ。新神戸駅まで送ったろか」などと気を使ってくれる。で、2人で駅までドライブだ。めっちゃ気まずい。

たぶん父親は喜んでいると思う。父親は本が好きだから、僕が本を書いているのがうれしいし、地元の新聞に「怪談師」「作家」などと紹介されて誇らしいのだろう。父親は新聞や雑誌で僕の記事を見つけると、全部切り抜いて集めていると、あいちゃんが教えてくれた。少しは恩返しできてるかな。なんて思うのは図々しいやろか。

一番上の姉がきいちゃん。二番目の姉があいちゃん。特にあいちゃんはオカルト好きで、僕の活動のことをよく知ってくれている。最近ではママ友に頼まれたといって、サインを書かされることもある。照れくさいけど、うれしくもある。

特別対談　恐怖と笑い

田中俊行

はやせやすひろ

打倒！ グラビアアイドル

はやせやすひろ　僕、覚えてますよ。田中さんを初めて見た日のこと。2013年の『怪談グランプリ』なんです。すっごいスターが生まれたと思いましたね。こんな人、一般でいたんだって。だって、あれ、見た目で優勝してますからね。

田中俊行　8割ね（笑）。出場者を見て、勝ったと思った。そこから、たたき上げてここまで来ました。

はやせ　しかし、びっくりしましたよ。田中さんが「がもん鉄」だったなんて。怪談の田中さんだって知らずに、ずっと『血液型ZONE』を聴いてましたからね。あれも、すっごく面白くてファンだったたんですよ。

田中　あっ、そうなん。地元の身内のことばっかり言ってたポッドキャスト。血液型を切り口に「あいつはB型だからダメ」とか、偏見に満ちあふれた番組な。だから、偽名でやってたんや。がもん鉄でやってた。

はやせ　そうそう。なぜか途中で田中さんが、がもん鉄だって分かったんですよ。それで、2018年の『怪談グランプリ』の楽屋で、思わず「ポッドキャスト聴いてます」って声を掛け

撮影協力●怪談ライブBar スリラーナイト 歌舞伎町店

たんですよ。それが最初じゃないかな。2013年の活躍も見てたし、ポッドキャストも聴いてたし、緊張しましたよ。

田中　こっちもドキッとしたよ。ひどいこと言ってる番組だったんで（笑）。あと、あのときは某グラビアアイドルの人が、俺らの楽屋だけあいさつに来てくれなくてな。しかも、楽屋の外で「いや、ここはしなくていいから」って、マネージャーさんが言ってんの丸聞こえで、面白かった。

はやせ　それで「僕たちこれから頑張っていきましょう」って誓い合ったんですよね（笑）。

田中　誓い合った。ほかはいいけど、あいつよりは売れるようにって誓い合った（笑）。

はやせ　あのとき、田中さんは電話してたんですよ。電話口で「すまん」「すまん」ってずっと謝ってて。30分ぐらいずっと電話してた。そこで、なんとなくいい人なんだなぁって、人間性が見えましたよ。

田中　そこからちょくちょく会うようになったんや。はやせくんは、あのときから話が断トツに面白くて、「なんで、もっと出てないんだろう」って不思議やった。あのときは、まだそんなに出てなかったんですよ。

はやせ　全然、全然。田中さんがテレビに出始めたときは、僕、スタジオの見学に行ってたくらいですもん。田中さんを見てました。

田中　でも、はやせんくんにはびっくりした。恐ろしいくらい言葉が出てくる。頭の回転が速い。それが本当に面白くて、もっと出てもいいはずだって思ってた。まぁ、僕が言わんでも、どんどん出てきたけど（笑）。むちゃくちゃおもろい若いヤツ。そんな印象ですよ。

はやせ　僕の場合、アウトプットはまだいいんですが、実はインプットが超苦手なんです。自分で興味があることの情報しか記憶できない。だから記憶するときは、アウトプット用に情報を処理して頭に入れるんです。瞬時に入れて出す。岸本さんとの番組で訓練もされてますしね。自分の情報を人が聴けるように、パッケージ化して提供することができるだけなんです。

田中　それかぁ、アウトプットな。

「クジラの屁」でモテ期到来

はやせ　よく言葉が出て面白いねって言われますけど、そうですかね。僕の場合は、全然面白い話を混ぜてるわけじゃないんですよ。怪談を取材してると「あれ、クスッとしちゃうな」ってところもあって、もちろん「怖いな」ってところもある。そんな話が多いんです。普通だったら警察に連絡すればいいのに、いったん拝んでみるとか。笑いを入れようとかじゃなく、ただ起きたことをそのまま話してる。普通の怪談師の方って、そこを切るんですよね。邪魔になるから。僕もほかの怪談師の方に「そこ入れんでええやろ」って言われることもあったんです。でも、僕としてはそこも込みで一本だから断てない。僕の話し方とかポリシーなのかな。怖いだけを強調するんじゃなく、取材対象者の身に起きたことを丸々話したいんですよ。そうしたら、結果的に面白くもなっちゃう。

田中　いろいろ取材してたら、ツッコミどころとかありますからね。僕は怪談をセレクトするとき、一応、僕なりにイベントに合わせたりしてる。雑談形式のイベントとかもあるしね。

はやせ　嘘つけ。いつもめちゃくちゃやないか（笑）。

田中　うふふ。僕はね、小学校1年のときにね。

田中俊行「僕はね、怖い話を聞いて嫌な気分になるのが心地いいんですよ」

はやせ　大事にしてるな、記憶。
田中　うふ。小学校1年のとき、クジラの屁を物理的に体で表現したことがあるんです。
はやせ　前衛的なダンスで？
田中　いや、休憩の時間に「クジラの屁は教室のこっからここくらいまである」って端から端まで行って、みんなに説明したんですよ。そしたら、大爆笑。むちゃくちゃウケた。その年のバレンタインがエグかったんですよ。モテ期のピークやった(笑)。だからって打算的に笑いを狙ってるわけやないけど、そのクジラの記憶があるんです。
はやせ　田中さんって、面白い話してるつもりないのに、なぜかみんなが笑ってるってことないですか？

田中　僕は特にありますね。

はやせ　うん、そうでしょうね。実は僕もそうなんですよ。奥さんが笑ってると「あー、これ、面白いんや」って思うんだけど、自分だとよう分からなくなってくる。もちろん、変なこと言ってるなって自覚できるときもあるけど、「これ、みんな笑うんや」って感覚のときがほとんどなんです。

田中　俺らは感覚が麻痺してるんやと思うで。

はやせ　事件に巻き込まれた悲惨な話をイベントでしたんです。そしたら、みんな笑うてて、むちゃくちゃ腹立ちましたね。タイで大柄な女性に胸ぐらつかまれて引きずり回されたり、台湾で若い男に空手みたいのでボコボコにされたり、そしたら

はやせやすひろ
「怪異って怖いとか信じる信じないとかでなく、かわいいんでね」

ウケた。タイに関してはワット・プラ・ケオ（エメラルド寺院）で写真を撮っていただけなのに、そしたら突然「おまえは顔がムカつくからNOピクチャー」って言われて。すごい力だったなぁ。

田中　はやせくんって、そういうことようあるよな。僕は雑談してると思うたら、いつの間にか怪談になってたって流れも好きです。観客の人が気づかないうちに、怪談に引き込めたらえな。皆さんが僕らに求めてるのは、恐怖なんだと思いますけど。分かんないですけどね。見に来てくれる人たちが求めてるもんを、渡してあげたいって思います。

はやせ　テレビでやってないんでね。以前みたいに心霊番組やオカルト番組を毎週やってないですからね。怖い話を普通に見ることができないから、日常にないから、ライブなんかに流れてくれるんでしょうね。日常に不安なことがあるとき、オカルト映画が流行るってジンクスがあるんです。ここ数年はコロナ禍があって、鬱屈《うっくつ》した毎日が続いていく中で、何か「恐怖」を求めるみたいなことが、あったりもするんですって。それで、みんな僕たちのことを求めてるのかもしれないですね。

奥さんと2人で200億円

田中　ストレスが溜まってるんでしょうね。恐怖って、なんやろ？　僕はね、愛する人が死ぬことやと思ってる。はやせ夫婦を見てたら、いつも思うんですよ。はやせくんの気持ちに、いつもなるんです。

はやせ 勝手になるなよ（笑）。

田中 社長（奥さん）がね、はやせくんの前から消えたら、これは耐えられへんなって。

はやせ あなた、関係ないでしょ（笑）。

田中 へへっへ。はやせくんの気持ちになったら耐えられへんくて。

はやせ あなたは耐えられるでしょ。

田中 はやせくんの気持ちになったら、かなり好きなんで。これが一番耐えられへんなって思うんです。

はやせ あなたはもういいよ（笑）。死んだら耐えられない人なんていないでしょ。僕はね、だからこそ怪談に興味があるんですけど、僕は「死」ですね。僕はもう死ぬのが怖い。本当に怖いんで、電車の列も一番前に立てないし、車に轢かれて死ぬんじゃないかって考えてしまう。子供の頃から死ぬのが本当に怖い。それってたぶん、家族がけっこう早く死んでるからなんですよ。人の死がちっちゃい頃、周りで立て続けに起こったから、本当に怖いんですよ。死んじゃうのが自分だけじゃなく、奥さんとか、それこそ田中さんが死んだらどうしようって、考えたりもする。すごく怖いんですよ。だからこそ奥さんと2人して、マシーンになるためのお金

を貯めてますもんね。

田中　機械の体ってこと？

はやせ　そう。１００億円あったら脳のデータをセーブできるらしいんですよ。

田中　マジで？

はやせ　はい。ただ、今はまだロードができないんです。未来には記憶を思い出せるようになるらしいんですけどね。奥さんと2人ぶん必要だから、頑張って２００億円貯めるんですよ。

はやせ　田中さんを好きな人は、恋してるんですよね。本当にこの子、田中さんに恋してるなっていう目をよく見ます。ここ数年、田中さんの横で密に付き合わせてもらってますけど、ほんまにアイドルやなって思いますね。ファンの方だけじゃなく、出会う人みんなが田中さんを好きになるんですよ。もちろん僕もその一人です。僕と田中さんへの歓声は質が違う。田中さんは「ここにしかいない希少な生き物」って感じなんですよね（笑）。人を惹きつける力は他に類を見ない。田中さんかジャスティン・ビーバーかですね。

田中　終わりの始まりですよ。それがいい現象なのか、悪い現象なのか分からないんですよ。どっちかというと悪いことかなと思うんです。ほら、それに甘んじてしまうから。みんなの好意に浸かっちゃう。オカルト界と言うとデカいけど、怪談界がね。

はやせ　僕は怪談界とかオカルト界とか、どうでもいい。自分がしたいことしてるんで。見たいこと見て、聞きたいこと聞いて、それをプレゼンしてるだけなんで。大きく考えたことはないですね。僕はそんな人間じゃないから、したいことをしたい。

田中　オカルト界の代表みたいにいわれるの、うっとおしいな。

はやせ　そんな気はさらさらない。引っ張ってなんていけないし。

田中　僕はね、怖い話を聞いて嫌な気分になるのが心地いいんですよ。昔から稲川淳二さんの怖い話を聞いて、「こわっ。嫌だなぁ」って思いながら気持ちいいと感じてた。だから、そういった感情を周りのみんなにも「体験させてあげたいな。共有させてあげられたらな」と思って、怪談をやってるだけです。人間には喜怒哀楽に加えて「恐」が必要やと思ってる。もう1個増やす。気分ええから。そうなればいいと思ってる。

はやせ　怖い話って、小難しい都市伝説や勉強しないと理解できない話をすることが目的じゃないと思うんです。だから僕ら都市ボーイズは「1回もグーグルで検索しなくても分かる話」をどんどん流してるんです。いろんなことを難しく考えないでほしい。面白いから知ってほしい。それだけです。

インド人もビックリ！

田中　あと、僕のこと見て安心してほしい。こんなヤツでも生きていけるんだって。『トシが行く』っていうYouTubeの個人チャンネルを見た女性から、最近、言われたんですよ。僕が「あ、ご飯食べてきました」って、他愛のないことを生存確認みたいに話してるのがいいって。ガリガリの僕と、すっごく汚い背景の部屋を見ていると、逆に安心するらしいんです。それはそれで僕がいる意味あるなって思えたんです。

はやせ　確かに。取材で知り合ったインドの貴族とネパールの貴族の、ハーフの女性がいるんですよ。すっごいきれいな女性で、家とか宮殿なんです。日本語もペラペラ。オカルトが好きで、都市ボーイズの番組を見てくれてるんですね。で、その人と話していたときに「ちょっと質問があるんです。タナカトシユキっているでしょ」って言うんですよ。それで僕が「いますね。仲いいですよ」って返したら、その女性が「なんで、日本では奴隷がYouTubeやってるんですか？」って（笑）。

田中　おい！　おい！

はやせ　階級としては、私はクシャトリア（貴族）で父はバラモン（僧侶）なんですけど、彼は奴隷でしょ。汚すぎるって。

田中　顔？

はやせ　部屋とか。普通の人間だったら、もっとちゃんとした服を着てる。日常が汚すぎるって。なんで奴隷が配信してるんだって言われて。

田中　インド！　インド！

はやせ　彼は奴隷じゃなく普通に働いてるんですよって教えたら、日本は寛容だねって。

田中　全然、訂正せえへん！

はやせ　私の目からしたら奴隷にしか見えないので、彼の話は聴けませんって、はっきり言ってました（笑）。

田中　なんや！　インドに帰れ！

はやせ　やっぱり、田中さんって存在意義のある人だなって。例えば、僕は怪談の取材で実際に会いに行くんですよ。そうすると、その人がトラウマになってる話を聞かせてくれるんです。

それを僕がYouTubeとかイベントで話すと、お礼がくるんですね。はやせさんに自分の恐ろしい体験を代わりに話してもらうと、自分の話じゃなくなったみたいで怖くなくなったって。今まであんなに怖くて、夢に見たり、外を歩いているときに思い出したりしてたのが、一切なくなった。まるで面白い話みたいに語ってくれたから、トラウマが興味深い話や貴重な話に昇華したって言ってくれるんです。取材させてくれた人が持つマイナスの感情まで、僕たちは一緒にもらってるんだと思うんです。もらってそれを昇華させちゃう。そう考えると僕や田中さんの活動も、悪くないのかなって思うんです。

お化け屋敷が超苦手

はやせ　そもそも怪異って、怖いとか信じる信じないとかでなく、かわいいんでね。

田中　ああ、かわいい。

はやせ　その子らが憑いてくれてるんやったら、どんなに悪いことが起きても、それはスキンシップやなって思うんですよ。例えば朝起きてアザができてても、それがその子らのスキンシップやと思ってちょっとほくそ笑むくらい。

田中　せっかく憑いてくれてんのに、祓ったりとかはできないな。

はやせ　そうそう。あっ、でも、一度だけゾッとしたことがありました。百物語したんですよ。おのおのがちゃんと1話ずつ持ってて、100人で100話。栃木県の旧野木病院っていう有名な心霊スポットで撮影したんやったかな。輪になって、ぐるぐるぐるぐる渦巻みたいにして並んで。最後、島田秀平さんが完璧に話して、ロウソクの火をフッて消したんです。まぁ結果、何も起きないんですよ。

撮影終了後、すでに早朝だったから「メシ食おうかぁ」って、岸本さんと一緒にファミレスに入ったんです。で、彼がずっと笑ってて。僕が「なんや。何もなかったからって笑うことないやろ」って注意したんですよ。そしたら彼が「何も起きないからって、あの演出はないよな。あんな爆音でお経を流すって、マジで意味が分かんねぇ。あんなことして誰が怖がるのかよ」と言って…。そのお経、誰も聞こえなかったんですよ。

岸本さんだけお経を聞いてて、当時、彼は心霊否定派だったんです。お経なんて聞こえなかったよって言うと、青い顔して「う、う、嘘つけよ」って、焦った彼を見てけっこう怖かったです。百物語って本当に意味あるんだって思いました。それも岸本さん、100話目が終わったあたりに聞いたらしいんです。

田中　僕はね、こっちで住む家を探してたときが怖かった。神奈川県の藤沢に猟奇殺人事件が起きた物件があったんです。本当は今の家じゃなくて、そっちを借りるつもりだった。母親が懇意にしている霊能者に「そこに住んだら、ええこと起きずに死ぬで」って言われたんですけど、無視して住もうと思ってた。でも、その物件を管理してる不動産屋を訪ねていく過程で、街全体がそこの部屋にビビってる状況が分かってきたんですよ。いろんな不動産屋に「あそこだけは住むな」って強い口調で言われたり、近所の人から「帰れ」って怒鳴られたり。

それをやってたときに、こっちから恐怖に入り込もうとしたけど、なんかどんどん恐怖が向こうからやって来る感覚がしてね。そのときは怖かったです。現場は2階の部屋で、その部屋の真下が会社の倉庫だった。その会社の人に話を聞いたら「たまに天井から男の人が降りてくる」って言うんです。そういう周りの人の話を聞くにつけ、どんどん恐怖が堀を埋めてくるようで、初めて恐怖を肌で感じましたね。

はやせ　僕も行ってました。あそこに住もうとした人いるんだ。

田中　怖いですよ。

はやせ　僕は、人がつくったものが怖くて。例えば、お化け屋敷が怖い。超苦手で、むちゃくちゃ声を上げちゃいます。驚かされたりとか、急に体を触られたりするのも苦手。怖すぎる。映画も驚かすだけのホラー映画とか超苦手。でも、どこどこに奇妙な信仰があるとか、儀式をやってるから来ないかっていうのは、まったく怖くないんですよね。

田中　怖くない面白くない話を、どう怖く面白く話すか。素材がすっごくちっさくても、語りだけでいいようにできる。まったく怖くない話でも、自分らが語ったら怖くできる。僕はそこが目指すところです。

はやせ　僕は、怖い話に面白い部分が入ることに、まったく抵抗がないんですよ。怖いだけでまとめなきゃっていう頭になったことが一回もない。そもそも僕の話って、隣にいる岸本さんに話してるだけですしね。

田中　こっち向いて！

おわりに――はやせやすひろ

取材した怪談は、どんなささいなことでも省かず、すべて話すようにしています。なぜなら、そうすることで取材対象者の方が感じた恐怖や不安を払拭できると感じているからです。怪談を話す目的の一つは、誰かを怖い思いから救うこと。大げさじゃなく僕の使命だと感じています。いや、やっぱり大げさですね。

怪談師の中でも、一番に尊敬する田中さんと本がつくれて、本当に光栄です。学生の頃、人間関係が希薄だった僕だけど、今ではこんなに魅力的な人たちに囲まれている。人生って分からないものですね。

読んでくれて、ありがとうございます。田中さんもありがとうございます。

2024年5月　奥さんと呪物を愛でながら

はやせやすひろ

おわりに――田中俊行

読んでくれて、どうもありがとうございます。

僕たちの話を本にすると聞いたときは少し照れがありましたが、みなさんに楽しんでもらえましたら幸いです。

神戸の子供部屋おじさんとして名を馳せていた僕が、東京で怪談語りを中心とした仕事をするなんて思いもしませんでした。僕の物語はまだ始まったばかり。いったいどんな話になっていくのか、自分が一番予想できない。

頭の回転が恐ろしく早いはやせくんは、絶対にかなわない人です。これからもはやせくんに追いつけ、追い越せで生きていきます。ありがとうございました。

2024年5月　紫煙をくゆらせながら自室にて
田中俊行

はやせやすひろ
1988年3月14日生まれ。岡山県津山市出身。18歳で上京後、テレビ番組のADを経て放送作家となる。その後、同じく放送作家であった岸本誠と怪奇ユニット「都市ボーイズ」を結成。YouTubeチャンネル登録者数は33万人を超える。2015年、2017年のCSファミリー劇場『緊急オーディション！ オカルトスター誕生』優勝。2017年、2019年の『稲川淳二の怪談グランプリ』優勝。呪物コレクターとしても著名で、テレビ、雑誌の怪談、怪奇特集に多数出演。

田中俊行（たなか・としゆき）
1978年9月30日生まれ。兵庫県神戸市出身。怪談収集家。幼少の頃より奇怪な物や怪談話が好きで収集を開始。いわく付きの品々を大量に収集し、オカルトコレクターの肩書を持つ。2013年の『稲川淳二の怪談グランプリ』優勝。2016年の“最恐”怪談師決定戦『怪談王』優勝。2021年の『怪談最恐戦』に優勝して「最恐位」を獲得。独特の口調と表情から放たれる怪談の数々には、根強いファンも多い。

怖い話でメシを食う。
最恐の2人が語る奇妙な日常

2024年7月11日 初版第一刷発行

著者　はやせやすひろ　田中俊行
発行者　川越夏樹
発行所　株式会社 日本ジャーナル出版
〒101-8488 東京都千代田区内神田2丁目8番4号
営業 03(5289)7622
編集 03(5289)7624

装丁　長久雅行

印刷所　株式会社光邦

ISBN978-4-930927-20-0 C0095